中公新書 2577

楠木　新著

定年後のお金

貯めるだけの人、上手に使って楽しめる人

中央公論新社刊

プロローグ　お金と幸せを一緒にするな

貯めたお金が使えない

この6～7年間、定年退職前後の人を中心に取材を続けてきたが、ずっと気になることがあった。一定額の退職金や年金を受け取っているにもかかわらず、自分の楽しみのためにお金を使っているイメージが湧《わ》かない人が少なくなかった。もちろん老後の生活費用や介護費用などを勘案して貯蓄を減らしたくないのは当然だろう。また子どもや孫の世代に財産を残したい気持ちも理解できる。それにしても「苦労して働いて貯めたお金を有効に使わないまま死んでしまうリスク」もあるのではないか、と何度か感じた。

わざわざ時間をとって話してくれる先輩方に、面と向かってそんな失礼なことは言えない。ただ、繰り返し話を聞くなかで「ひょっとすると、彼らはお金をどのように使えばよいのか分からないのではないか」という仮説にたどり着いた。

会社員は、日常の仕事も会社のお金、すなわち他人のお金で過ごしているという現実がある。接待の経費や出張経費もすべて会社のお金である。このため、自らの裁量で主体的にお金を使うということができなくなっているのではないかと推測した。

家計財産の管理や運用の相談に乗っている専門家に、取材もかねて私の家計財産について相談したことがある。その際に、この仮説をぶつけてみると、「会社の仕事一筋で働いていた人はうまくお金を使えません」と事もなげに答えてくれた。使い道が特にないので投資運用に向かう人が多いそうだ。

特に東京都内や都市部では、親からの相続によって得た住宅を売却して1000万を超えるお金が60代後半以降に入ってくる人も少なくない。彼らが相談に来ても、やはりお金の使い道が分からないので、結果として投資運用先をどこにするかの話になるという。

たしかに私の取材でも、まとまった退職金が入ったので、投資運用に没頭して日々経済新聞のチェックに余念のない人もいた。

その専門家によると、「女性はよい意味で自己本位なので大丈夫だが、男性の場合はどのようにお金を使えばよいのか分からない人が少なくない」のだそうだ。その後に、何人かの女性に話を聞いてみると、たしかにお金の使い方が分からなくて悩んでいる人は少ない。彼女たちは食事、服装、貴金属、化粧品、旅行、エステなど、いくらでも使い道があるというのだ。

その専門家に「それでは男性はどうすればよいのですか？」と聞いてみると、「サラリーマンの立場以外のことをやっておくことです」と明快に答えてくれた。スキーが趣味なら「ここのゲレンデの雪質は日本で一番だ」といったこだわりを持った人を彼は例に挙げた。たしかに、音楽好きだがそれほど演奏は上手ではない（大変失礼！）人が、驚くほど高額のギターを何本も持っていたり、熱中しているテニスの用具やウエアを購入することには金額に糸目をつけない人もいる。

私は、サラリーマンに対して50歳ぐらいから、「会社員の自分」のほかに、自分の個性にあった「もう一人の自分」を創ることを勧めてきた。それは将来の独立に向けての準備や趣味、地域活動やボランティア、学び直しなど自らの個性に合ったものであれば何でもよいと思うのだ。この専門家の発言は、私の主張をお金の使い方の面から少し裏付けてくれたような気がしたのである。

人生１００年と言われる長寿化の時代には、老後に備えてお金を貯めることは、もちろん大切ではあるが、同時に、せっかく多くの時間を得たのだから自分のやりたいことのためにお金を使いながら人生を楽しむことを忘れてはならないだろう。

「100円でポテトチップスは……」

かつて「100円でポテトチップスは買えますが、ポテトチップスで100円は買えません。あしからず」というコミカルなテレビCMがあった。少女(当時14歳だった藤谷美和子《ふじたにみわこ》さん)が右手に持つ100円硬貨と左手に持つポテトチップスのそれぞれに目の玉を左右に動かしながら視聴者に語りかける。お金はあらゆるものと交換できる力があることを表現しながら、ポテトチップスを目立たせている。この15年間、会社員を中心に働き方や生き方についての取材をしていた時に、ときおりこのCMのことを思い出すことがあった。

それは、お金の交換価値は一律で揺るがないが、お金に対する考え方や姿勢が人によって大きく異なっていたからだ。もちろんお金を無視する人はいないが、強くこだわる人もいれば、そうでない人もいる。私が生命保険会社の経理部で社員の経費支出のチェックをしていた時も、社員によって経費を使うスタンスが大いに異なることを日々感じていた。

かつて私は、会社員という立場に限界を感じて、起業や独立した人たちに集中して取材していた時期がある。社会保険労務士で独立、蕎麦《そば》打ち職人に転身、釣具店を開店、美容師になって開業、コンサルタントで独立した人などの一覧表をセミナーで示して、「大半の人は会社員当時に比べて収入は下がっています」と私が説明すると、「それじゃ失敗じゃないですか」と稼げるお金の多寡で成功か失敗かを判断する人がいた。私自身は、彼らがキャリアを移行するプロセス自体に大きな意味を感じていたので意外な発言だった。

たしかに会社員から異なる道に進もうとする人や、定年後になって初めに考えるのはお金の問題である。私自身もそうであったし、先ほどの転身や独立した人たちも、会社員時代の安定的な収入を失うことにより、家族の扶養義務を確保できるのかといった金銭的な心配が一番に頭に浮かんでいた。

そのため取材の際もできるだけ年収などは率直に聞くようにしていた。ただ、同じような収入の人でも、お金に非常に関心や執着が強い人もいれば、比較的淡白な人もいた。それは資産額や収入額というよりも、個人のこだわりや姿勢の違い、ライフスタイルや周囲との人間関係などの要素が大きいように思えた。しかし私の主な取材目的はキャリア面だったので、それ以上突っ込むことはなかった。

お金は強力なモノサシ

もう一つ感じていたのは、お金はすべてを並べ替えることができる強力なモノサシでもあるということだ。たとえば、この15年間取材してきた人たちはさまざまな個性を持った人や、興味あるキャリアを積んだ人が多く、私自身は大いに触発されてきた。

しかし、もし年収額というお金の基準を用いれば、瞬時に、1番から150番まで簡単に並べ替えて序列をつけることができる。私から見れば、取材した一人一人に順番をつけることなんてとてもできないが、お金はそれを瞬時にやってしまう。特に事の軽重を判断する尺度を持っていない人にとっては、このお金というモノサシは強力である。先ほどの「それじゃ失敗じゃないですか」の発言もそうだろう。

またサラリーマンからフリーランスに転じた人や、ボランティアで得意の楽器の演奏をして些少《さしょう》のお金を得ている会社員が、「会社という仕組みから得る給料と、自分で動いて得るお金とは同じ円でもレートが違う」という趣旨の発言をするのに何度か接したことがある。円とドルのように両者に換算レートがあるというのだ。

私も会社員と並行して物書きの仕事をしてきたので、彼らの話はよく理解できた。当時は原稿料の3万円は給与の15万円くらいに相当すると感じていた。自分にとっての重みが異なり、受け取るエネルギーが違う。「株式投資で稼ぐ5万円と、バイトで稼ぐ5万円は同じ価値ではない」と言った定年退職者もいる。

お金は人の仕事を一律に並べ替えて序列化できる強力なモノサシであるとともに、人によっては、同じ金額でもそこから得ることができる喜びやエネルギーが異なるという不思議なものである。また同じ1万円でも非常に高額だと思っている人もいれば、十分な貯蓄があるため少額だと感じている人もいる。

１００円硬貨は、ポテトチップスなど何にでも交換できるという固定の価値を持ったものであるが、心理的な重みや労働との関係における価値は相当異なる。

また余談になるが、ポテトチップスのコミカルなCMを提供していた会社が、「やめられないとまらない」という、欲望が欲望を生む資本主義における貨幣のもう一つの面を明確に言い当てたCMを提供していた。これが単なる偶然なのかどうか、私にとって興味のあるところだ。

お金のことを丁寧に考えていないと、お金を求める目的と手段が逆転してしまう可能性もありそうだ。私は今までお金の本質的なことに目を伏せてきたと言えなくもない。ポテトチップスの方ばかりを見て、１００円玉を正面から見ないようにしてきたような気がするのである。

交換価値がお金の本質

そもそもお金が存在していない時代には、物々交換が行われていたのだろう。だがそれでは、あまりに効率が悪い。そのためみんなが共通して欲するものを決める必要があって、それを媒介として交換が飛躍的に進んだ。

東京にある日本銀行金融研究所の貨幣博物館に行くと、貨幣や紙幣の実物を見るとともにお金の歴史を知ることができる。貨幣博物館のパンフレットには「律令《りつりょう》に基づく中央集権国家の建設を目指した日本では、7世紀後半から10世紀半ばまで、金属製のお金（銭貨）が発行されました。10世紀半ば以降、銭貨は発行されなくなり、それまでもお金として使われてきた米、絹や麻の布などが引き続きその役割を果たしました」とある。つまりみんなが共通して欲しがる貴重品がお金の役割を果たしてきたのである。

その意味では、お金についての絶対的な基準はなく、多くの人が「これが通貨だ」と認めればお金の役割を果たせることになる。

そして現在の貨幣は大きな変化の渦中にある。金（ゴールド）に裏付けされていた金本位制から不換紙幣へ移行し、そしてデジタル化へも向かっている。

先ほどのパンフレットには、お金の特徴として、

① さまざまなものと交換できる
② さまざまな人の間で誰《だれ》でも使うことができる
③ 使いたい時まで貯めておくことができる

の3つを挙げている。

誰もが使えて、さまざまなものと交換できること（交換価値）が、お金の本質であろう。

ただ、お金には賞味期限がなく、保存がきく。そのため冒頭に紹介した定年退職者のようにお金を貯めること自体が自己目的化することもある。

「厚生年金の受給と退職金の取り崩しで、日々の生活は問題ないことが分かっているが、預金通帳の額が徐々に減っていくのを見ると何か不安になる」とか、「私の義父は、受け取る年金の2割を貯金に回すために節約生活をしている」という発言に接したこともある。子どもや孫にお金を残すことが最後の支えなのかもしれない。もし相続税の税率が100％になったとすれば、彼らはお金を使い始めるのだろうか？　またどういうお金の使い方をするのだろうか？

私が子どもだった昭和30年代は身近に貧乏があった。お金がないことによって、日常の些細な出来事にイライラしたり、互いにいさかいが生じることもよくあった。欲しいものが買えない、高校に進学できない、基本的人権と言えるような自由さえ制約を受けることも珍しくなかった。

それはもちろん現在でも生じていることだろうが、今とはレベルは違っていたように思っている。借金でクビが回らなくなった商店主のおじさんの顔つきが一変したことを、子ども心にも覚えている。逆に、みんなが貧しかったので周囲の人と協力し合って生きるよさもあった。商店街の人たちが、子どもたちの幼稚園や保育園の送り迎えを互いに協力しながらやっていたことを思い出す。

またお金を稼ぐことで自分のできることが広がり、自由を手に入れる実感を得ることもできた。特に若い人にとっては、自分を束縛する家族や地域といった共同体から自由になるための手段にもなる。

お金の問題は生活のあらゆる分野に及ぶものなので、お金に対してどのようなスタンスをとるかは決してないがしろにできない課題である。

会社員は食わねど高楊枝

私は以前に、霞《かすみ》が関《せき》の官僚と大手企業の会社員をメンバーとする私的な会合で、定年後の働き方や生き方をテーマに講演したことがある。その時の縁で、会員の有志が、拙著『定年準備』を題材にした読書会を開いてくれた。そこに私も参加した。

各メンバーが事前に拙著を読んでレポートを送ってくれたことにも驚いたが、読書会の当日には、執筆した当の本人である私よりも文章を深く読み込み、自身の課題に真摯《しんし》に向き合う姿に心動かされた。

そのレポートの中に、『一所懸命』、『武士道』という、日本のインテリの好む志向は、個人の自立というよりも、むしろ所属組織への貢献・忠誠という形で顕現してくると思われます。すなわち、個人よりも組織（国家、会社、役所、学校など）のために働くのが日本人の美徳であるという、美しい（？）誤解に埋没しているのではないでしょうか？」と書かれた一文が目についた。私も全く同感だと思いながら文章を読んだ。

その時に、お金の神様と呼ばれていた邱《きゅう》 永漢《えいかん》さんの本に書かれていることを思い出した。

「日本人は、『自分が生きているのは、お金のためではない』という考えを、どうも、美徳と考えているでしょう。それはどこからきてるかというと、やっぱり、宮仕えからきていると思います。サムライとして殿様に仕えるのは、決してお金のために仕えているんではないというか……。そういう秩序の中で育っているからだと思います」（糸井《いとい》重里《しげさと》、邱永漢『お金をちゃんと考えることから逃げまわっていたぼくらへ』）

たしかに会社員は、お金についてあまり語らない。むしろお金とは関係ないところで生きているということを、消極的であるが主張しているようにさえ思える。

私は関西の庶民的な商店街で育ったので、周囲は比較的オープンにお金のことを語っていた。そのため、会社に入社した当時は違和感があった。公務員の場合では、仕事自体が公共的で、業者との関係を誤れば贈収賄罪の成立と結びつくこともあるので、お金に対して距離を置く姿勢がさらに強くなるのかもしれない。

邱さんは本の中で、サムライ的発想は、ここ300年から400年くらいだと語っている。

しかし私から見れば、現代の会社員や公務員は、江戸時代の武士とは相当違っている。『武士の家計簿』（磯田道史《いそだみちふみ》著）という興味深い本がある。「金沢《かなざわ》藩士猪山《いのやま》家文書」という武家の文書に、幕末から明治にかけての37年間に書かれた武士の家計簿があったのだ。この本は、武士がどのような日常生活を送ったかを、お金を通して描いている。

特に興味を惹《ひ》かれたのが、武士のお金の使い方だった。日本史の教科書では、「五公五民」などの江戸時代の年貢制度について記載された文言はあるが、実際に取り立てた年貢をどのように武士が使っていたかは想像できない。しかしこの本ではそれが詳細に分析されている。

本の中で、武士身分としての格式を保つために支出される費用、たとえば、家来や下女を雇う費用、親類や同僚と交際する費用、武家らしい儀礼行事を執り行う費用、先祖・神仏を祀《まつ》る費用などが多い。著者の磯田氏は、これらの費用を支出しないと、武家社会からは確実にはじき出されて、生きていくことができなくなるとして、「身分費用」と定義づける。

現在の会社員や公務員は、収入も支出も家柄や身分に支配されていた武士とは違っている。収入は労働契約によって役所や会社から働きに応じて支払われ、支出はその人の価値観を反映した生活スタイルに基づいている。収入も支出も家柄や身分による制約を受けているわけではない。

本当はお金が気になる

それでは、なぜ会社員はお金のことを語らないのだろうか？　私から見れば、毎月ほぼ一定額のお金が入ってくるのが当たり前になっているので、働くことと稼ぐこととがリンクしていない。お金のことを考えなくても働くことができるからである。

小さな薬局を夫婦で営んでいた私の母親は、毎日の店の売上額を、これは仕入れに回す分、これは食費分などと、いくつかの封筒に分けて管理していた。収入額が一定で分かっていれば何もわざわざ封筒に振り分けする必要はなくなる。

おまけに会社員は仕事の質と給与が必ずしも結びつかず、能力・スキルと報酬が直接的にはリンクしていないことが少なくない。頑張って働いている人も、適当に働いている人も、それほど収入に差異がなければ、社内でお金のことを語っても面白くはない。逆に各人の不満を大きくすることになりかねない。自分に対する評価への不満に結びつくこともあるからだ。またお金から距離を置くことは、そこで働く人たちにある種の安心感を与えている。

加えて日本の場合は、税金も社会保険料も給与からの天引きなので、税金や社会保険料を納めている自覚も希薄だ。先述のように、接待や出張の経費も会社のお金なので、自分のお金を使う機会が少ない。

さらに私が入社した昭和50年代は、まだ給与や賞与も現金支給の会社が多かった。毎月の給料日になると総務課のメンバーは、朝から会議室にこもってトランプのカードやチップのようにお札や硬貨を給与袋の上に置いて最後に1袋ずつ手で封をしていたのである。それらがすべて銀行振込になることによって、給料（お金）の重みを実感する機会も失われた。

このように働くこととお金との関係が弱くなり、お金を受け取る実感もなくなり、また周囲の社員と波風を立てない意味からも、社内でお金のことをオープンに語る場がない。

しかし職場で働いている会社員や公務員が、給与やお金のことを気にしていないわけではもちろんない。若い頃は同期入社の社員と数百円の給与の差を気にしたり、学生時代の友人や家族に対しては、給与に対する不満や愚痴をこぼすことも多い。先ほどの読書会のレポートにもあったように、組織のために働くのが日本人の美徳であると考えている霞が関の官僚も例外ではない。

若い時から比較的権限を持って働いている彼らも、学生時代の友人に会えば、大企業で働く友人との給与格差を嘆き、天下り禁止法案のことが話題に上れば露骨に嫌な顔をしていたのである。ある人は「本省の課長職になった時に、企業で働く友人たちにやっと追いついてきた感覚になった」と語った。

これらはまさに当然の気持ちであり、彼らの本音なのである。全国の会社員や公務員の中で、自らの給与やお金の問題に泰然としている人は少ない。

幸福論と結びつけるな

お金については、本当にいろいろな議論がある。「何でもお金でできる」とお金の価値を高く評価する人もいれば、そうでない考え方もある。後者でよくあるのは、幸福との関係を論じるものであろう。仏教やキリスト教などの宗教的な考え方を背景に、大金持ちの子どもが麻薬に手を出したり、事業に失敗した有名人や遺産相続を争う大金持ちの遺族などを例に挙げて、お金を持っていても幸せになれないことを強調する考え方もある。また、金持ちになるためには、あくせくして働かなければならないので、幸福にはなれないとする見解もある。

彼らの発言には、一定の真実があることは確かだろう。しかし「お金持ちになっても幸福になるとは限らない」「世の中にはお金よりも大切なものがある」といっても、お金のことを知らなくてもよいとか、お金の知識は必要ないということにはつながらない。

「何をもって豊かというのか」「何をもって幸福というのか」をいくら議論していても堂々巡りになる。病気の人は健康な人が幸せだと考える、お金のない人はお金があれば幸福になれると思っている。特にお金に苦労した人はそう考えるだろう。また健康な人とは、「健康のことを考えないですむ人」と規定すれば、お金持ちとは、「お金のことに頭を悩ますことがない人」と考えることもできそうだ。いずれにしても、結果的に幸福になるのはよいとしても、お金と幸福の関係を議論するだけでは得られるものは多くなさそうだ。

たとえば会社組織は人々が作った約束事なので概念的な世界に満ちている。しかしお金は生活全般にわたっていろいろなものに交換できる現実的なものなので、意識を中心とする議論ではかみ合わないのは当然なのである。

それではどのように考えればよいのだろうか？

私は、幸福か不幸かといった二者択一ではなく、お金自体は現実世界の産物なので、ある程度、現実世界に落とし込んで議論する必要があると考えている。

たとえば、給与は高いが、全国転勤があって激務が予想される会社と、給与は非常に安いが愛着のある地元で働けて仕事にもストレスを感じない会社と、どちらで働くことが自分にとってよいのか？

また給与は高いが自分のエネルギーが失われる仕事か、報酬は安いが働くことによってエネルギーがもらえる仕事のどちらを選ぶのか。給与は安定しているものの人から使われるだけの仕事か、収入の見通しははっきりしないが、自らの力を試すためにフリーランスとして働くのか、などの選択の中で初めて議論が成立するのではないか。文字通りソロバン勘定が必要なのである。

そして二者択一というよりもどのレベルの働き方が自分に合っているのかの問題だと思っている。そう考えると、自分に向いていることは何か、自分のポジションをどこに置くか、最終的に自分らしい働き方・生き方をどう探すかの問題につながってきそうである。

会社員の中には「地位もお金もいらない」と声高に言う人もいるが、そういう人ほど気になって仕方がないのである。本当に気にしていないのなら口に出しては言わないからだ。地位もお金もあるのは悪くないのである。ただそのプロセスに焦点を当てるべきではないだろうか。

こうして見てくると、お金の問題だけをいくら考えても解決はつかないようだ。日本のファイナンシャル・プランナー（FP）は、顧客の相談に乗る時にも、お金の問題はお金の範囲にとどめている。つまりお金の貯め方や増やし方に終始しがちである。しかしそれだけではなく、お金の使い方や守り方、お金を何に交換するのか、および自分の価値観やライフスタイルとの関係など総合的に見る視点が必要だろう。

先述の邱永漢さんは、「お金をどう得ようかと考える人はいくらでもいます。ところが、お金と一口にいっても、入ってくるお金と使うお金とがあります。それが両方あわさって球面体のようになっているのだから、入るお金と使うお金がまるくおさまっていないと、お金ではないんです」と指摘している。全くその通りだと私も思っている。

本書は、主に中高年の会社員のリアルなお金の課題を中心にして議論を展開し、必ずしも裏技のようなテクニックを披露することを目的とするものではない。そして、家計の管理や資産の運用、定年後のお金についての取り扱いなどを検討した後に、再びお金と働き方・生き方の問題に戻って考えることにしたい。

目次

プロローグ　お金と幸せを一緒にするな　i
貯めたお金が使えない　i
「100円でポテトチップスは……」　iv
お金は強力なモノサシ　v
交換価値がお金の本質　vii
会社員は食わねど高楊枝　x
本当はお金が気になる　xiii
幸福論と結びつけるな　xv

第1章　老後不安の正体　3
——原因はお金ではない
頭で考える不安　3
お金で困っている人　6

特に老後の備えが不安 9
会社は意識が作り出した世界 11
「退職時に〇千万必要」は本当？ 14
シミュレーションを体験 18
30年後は見通せる？ 20
不安の原因はお金ではない 22
「貯めている人は先を見ていない」 25
安全を求めすぎるな 28
元気で明るく生涯現役 30

第2章 財産増減一括表——まず自分の財産を知る

33
自分の現状を知る 33
家計簿では間に合わない 36
自らの家計を把握 38
企業会計の発想を借りる 40

財産増減一括表とは　43
財産増減一括表の作成　46
具体的な記載の仕方　49
負債を記載　54
正味財産を算出　55
増減額の算出からが本番　57
源泉徴収票を活用　59
終活にも役に立つ　62
家族で語り合う　65
共働きの家計管理　68
第3章　固定費を見直す
——使わなければ金は貯まる　71
蓄財の極意　71
固定費を見直す　73
バブル崩壊に遭遇　76

バブルの再来は？ 79
資産価値は同じでも 82
ローン返済か、家賃支払いか 85
中高年までは賃貸策も 91
リスク回避策はいろいろ 94
保険の必要な時 96
保険はシンプルに 98
社会保険を知る 101
自家用車や通信費 103

第4章 老後不安と投資を切り離せ ——投資はそれほど重要ではない 107

「美人コンテスト」 107
任せきりにはしない 110
投資では稼げない？ 112
家計資産の配分策 115

家計ポートフォリオ　117
具体的配分と銘柄　124
投資信託は一つの選択肢　126
積立投資を過大視するな　128
コストと税金に配慮　132
投資のフォローも大切　133
「増やす」と「守る」　135
不動産で失敗するな　138
独立系金融アドバイザー　142
信頼できる人からの紹介　144
まずはトレーニングから　147

第5章　老後資金は収支で管理——資産寿命をどう延ばすか

151
お金を使えるのは70代前半まで　151
老後資産をいくら残す？　154

収入は3段階で減少　156
労働市場が未成熟　160
やはり財産増減一括表が役立つ　162
収入と支出を両方管理　165
資産を取り崩す　168
住まいの見直しも　170
「使い方」指南は儲からない　173
貯め方と使い方は一体　175
身銭を切る　178
「もう一人の自分」　180

第6章　お金を有効に使う——人間関係に投じる　183

お金と生きがい　183
何をするかが分からない　186
300万円の昇給を断る　188

幸福感と自己決定　191
自己決定と不安は非両立　193
お金の価値をうまく使う　195
お金を活力に　197
信用と信頼が大切　199
若い人のために使う　202
世代をつなぐ　204
「身の丈」が大切　207
居場所はお金で買えない　210
「貯める」から「分かち合う」　212
自分なりの物語を作る　215
あとがき　219
参考文献　222

文中に登場する人物の年齢・所属・肩書き等は、特記がない限り、取材当時のものです。

定年後のお金

第1章　老後不安の正体
――原因はお金ではない

頭で考える不安

２０１３年の高年齢者雇用安定法の一部改正で、65歳までの雇用責任が事業主に義務づけられた。この時私が在籍していた会社の定年目前の社員たちは、居酒屋などで、定年で退職するか、雇用延長を選択して65歳まで勤めるかの議論で大いに盛り上がった。それまでは60歳で定年退職するしか道がなかったからだ。その時に、定年後について多様な視点から検討して本を書くことを決意した。

またこの頃は、ビジネス誌でも定年に絡む特集が組まれることが増えた。その中には今後の人事制度や給与制度の変化、働き方についての項目もあった。ところが翌年に定年を迎える３人の先輩たちは、いずれも公的年金や失業保険についての記載ばかりを読んでいたことが印象に残っている。失業保険の支給との関係で生まれた月によって年金を受け取るタイミングに有利不利が出るなどといったお金の議論ばかりをしていた。

またある企業で講演した後に質問の時間を設けると、50歳を過ぎた社員から「いくら貯金があれば老後を過ごせますか？」という質問をもらったことがある。講演内容は、在職中から定年後の居場所をどのように準備をするかというテーマで、お金とは関係のない内容だったのだが、最初の質問がこれだった。

高齢化の進展が盛んに喧伝《けんでん》され、老後の生活に対する不安が脳裏にあるのだろう。定年退職を控えた人たちは、とかく老後のお金を心配しがちである。巷《ちまた》の書店では、雑誌にたびたび取り上げられて、「定年時には3000万円必要」といった見出しが躍り、マスコミでも「老後破産」や「老後貧乏」などの言葉が飛び交う。2019年6月の金融庁の金融審議会が発表した報告書に端を発した2000万円問題も記憶に新しいところだろう。

私が主宰する研究会で、定年を間近に控えた50代後半のサラリーマンは、老後資金が心配になって書店に何冊もあるマネー本をいつも立ち読みするのだが、その内容がよく頭に入らないので、しばらくするとまた書店に行くそうだ。だから書棚にはマネー本があふれているのだ、と会員同士で笑い合ったこともある。

定年後になると今までの安定した給与収入がなくなる。低金利の時代なので多少の貯蓄があっても銀行預金の利息はないに等しい。退職金や企業年金も自分たちの前の世代から見ると目減りしている。厚生年金も支給年齢が65歳に引き上げられたが、今後は支給金額が削減され、再び支給年齢が引き上げられるかもしれない。親の介護もあるが、これからは自身も高齢になるので医療費や介護費用も準備しておかなければならない。自宅で生活することが困難になり、老人ホームに入居しようと思ってもかなりの出費が必要になるだろう。寝たきりが長く続くとその費用もバカにならないはずだ。おまけに今後、円安やインフレが生じると、今の貯蓄さえ目減りを起こすかもしれない。不安の連鎖はどこまでも続いていく。

書籍の中には家計におけるリスクを並べ立ててサラリーマンの家計は破産する可能性があると強調するものもある。

一方で、多くの定年退職者を取材していると、定年前は受け取る年金額を細かく計算している人でも、定年後にお金のことを語る人はそれほど多くはない。先述の3人の先輩も定年後2年ほどして会うと、日々の生活で何に取り組んでいるとか、海外旅行は楽しかったとか、親の介護の大変さなどを話していて、定年前にお金のことをあれこれ議論していた話を私が持ち出すと彼らは覚えていないという。

お金のことを日々心配したからといってお金が増えないからかもしれない。節約には取り組んでいるだろうが、半分諦《あきら》めというか、ジタバタしても仕方がないと思っているのかもしれない。

定年退職を経験した自分に引き当ててみると、いくらお金があれば大丈夫かというのは、あくまでも頭というか意識で考えていることである。しかし実際に会社から離れてみると、体ごと定年後の生活に入るので、お金だけで生活しているのではないことがリアルに分かってくるからではないかと思っている。

本書では、会社員として勤めて定年を迎えた人、将来迎えるであろう人を主な対象としている。実際には、若い時から自営業の家庭もあれば、かつては会社で働いたがフリーランスに転じた人もいるだろう。生活スタイルは人によってさまざまなので、老後にいくら必要かというのも最終的には人それぞれである。

お金で困っている人

会社員は在職中から厚生年金の保険料を払い続けているので、定年まで働いた人であれば、一定額の年金を終身にわたって受け取ることができる。加入期間や給料の額によって異なるが、会社員の夫と専業主婦のモデルケースで65歳からは月額20万円余りになる（ただし、健康保険料、介護保険料は控除される）。これに加えて会社からの退職金や企業年金が上積みになる場合もある。定年後もパートなどで働いている人も少なくないだろう。収入や貯蓄額に応じたお金の使い方をしていれば、そうそう路頭に迷うことはなさそうだ。

しかし定年後にお金のことで困っている人がいないわけではない。私の取材の範囲では２つのパターンがあった。

一つは退職金を受け取ってリスクのある投資につぎ込んだケース。定年後は、時間もたっぷりあるので、投資にのめり込む人が少なくない。まとまった退職金は、金融機関が投資資金を取り込む際の腕の見せ所だ。

特に、学校の先生など今まで金融関係の投資をしたことがなく、知識も持たない人がリスクのある商品をいきなり購入している例もある。ある会社員は、証券会社に勧められるままに退職金をリスクの高い株式や投資信託につぎ込み、損失額がかなり膨らんでいた。彼は、「トランプ政権発足前後の日米の株価上昇で命拾いした」と真顔で語ってくれた。老後を支えるお金までリスク性の商品につぎ込んでいたそうだ。

この延長線上には、外貨建ての投資商品を買い込んで含み損を抱えるとか、極端な例では、後述するスルガ銀行の事件のように、不動産投資によって１億円や２億円の借り入れをして首が回らなくなるケースもある。

もう一つは、浪費癖や家計財産の管理が十分でないことから苦しくなるパターンである。

一般には、退職すると収入の減少に合わせて家計も縮小する。ところが退職しても会社員当時の収入を前提に飲食や趣味にお金をつぎ込む人や、退職して接待費を使えなくなったにもかかわらず銀座や北新地で豪遊したことを忘れられない人もいる。いわゆるどんぶり勘定で、とにかくなんとかなると考える人は危機に陥る恐れがある。

また定年前の夫婦の話であるが、当初共働きで2人の収入をもとに多額の住宅ローンを組んで一戸建ての自宅を購入した。ところが数年後に子育てのサポートを当てにしていた夫の両親の体調が急に悪くなって妻が会社を退職しなければならなくなった。収入が半減して家計が厳しい状況に陥った例である。

バブル期に「今動かなければ自宅を購入する機会を永久に失う」と考えて、かなり背伸びをして高い物件を購入したが、バブルが崩壊して多額の住宅ローンを抱えてしまった例もある。彼は退職金を全額充当してもローンを払いきれず、定年後の家計が窮屈になっている。また昨今の働き方改革の残業時間の圧縮のなかで、月額5万円ほどの収入減によって住宅ローンが重荷になっている人が少なくないと語る不動産販売会社の担当者もいる。

これらの事例は、思いがけない事情の変更と言えなくもないが、広い意味では将来に対する計画性や自己管理の問題と捉《とら》えることもできる。

いずれも想定していた老後資金の収支の問題というよりも、お金に対する自己管理の話と言えそうだ。いわば、お金の「使い方」や「守り方」の課題である。同じ1万円でも、軽く考えて使う人と自分や家族のために十分考慮して使う人では、やはり価値が異なると言っていいだろう。

もう少し定年後のお金に絡む不安に戻って考えてみよう。

特に老後の備えが不安

毎年政府が国会に提出している「高齢社会白書」の平成30年（２０１８年）版は、高齢化の状況や政府が講じた高齢社会対策の実施の状況などについて明らかにしている。

この中で内閣府が60歳以上の者を対象に行った調査では、経済的な暮らし向きについて「心配ない」（「家計にゆとりがあり、まったく心配なく暮らしている」と「家計にあまりゆとりはないが、それほど心配なく暮らしている」の合計）と感じている人の割合は全体で64・6％となっている。また、年齢階級別に見ると、年齢階層が高いほど「心配ない」と回答した割合は高く、80歳以上では71・5％となっている。

この内容を見れば、現在の60歳以上の誰も彼もが、経済的な暮らし向きについて不安を感じている状況ではないことがうかがえる。過半数は、「心配なく過ごしている」のである。60歳から80代までの年代別で見ると、明らかに高齢になるほど心配している割合は減少している。

一方で、海外との比較の調査を見ると、将来に対しては不安を感じていることがうかがえる。平成28年（2016年）版の「高齢社会白書」では、「高齢者の生活と意識に関する国際比較調査」（平成27年）を発表している。

調査内容の概略は左記の通りである。

・調査対象国：日本、アメリカ、ドイツ、スウェーデン
・調査対象者：60歳以上の男女（施設入所者は除く）
・調査時期：平成27年10〜12月
・有効回答数：日本1105人、アメリカ1003人、ドイツ1008人、スウェーデン1000人

この海外との比較の調査では、経済的な意味で日々の暮らしに困ることがあるかを尋ねたところ、経済的に困っていない高齢者の割合（「困っていない」と「あまり困っていない」の合計）は、スウェーデンが87・3％で最も多く、日本77・5％、ドイツ77・0％、アメリカ68・3％と続いている。また総合的に見て現在の生活に満足しているか尋ねたところ、現在の生活に満足している高齢者の割合（「満足している」と「まあ満足している」の合計）は、スウェーデン97・1％、アメリカ95・2％、ドイツ91・9％、日本88・3％となっている。日本も含めてだいたい90％の人がある程度満足している。

一方で、同じ調査で、現在の貯蓄や資産について、老後の備えとして十分と考える高齢者の割合（「十分」と「まあ十分」の合計）は、スウェーデン72・7％、アメリカ68・8％、ドイツ66・3％となっており、日本は最も少ない37・4％となっている。

また一方、貯蓄や資産が老後の備えとして足りないと考える高齢者の割合（「やや足りない」と「まったく足りない」の合計）は、日本が57・0％と最も多く、アメリカ24・9％、スウェーデン18・9％、ドイツ18・0％と続いている。現在の貯蓄や資産が老後の備えとして十分ではないと考える人の割合は、他の3か国に比べて、圧倒的に日本が高いことが分かる。

老後の生活にはそれほど困っておらず他国同様一定の満足を示しているにもかかわらず、老後の備えとしての現在の貯蓄や資産について十分ではないとする人の割合は突出して高い。この理由についてはもっと検討したいところであるが、調査内容からはこれ以上は分からない。ただ将来について、他国に比べて悲観的というか不安を抱いている様子がうかがえる。

会社は意識が作り出した世界

将来の老後の生活に対して、なぜこれほど不足を感じているのか？　社会保障が他国に比べて著しく劣っているということではあるまい。この一つの要因は、未来に起きることの可能性を予測してその対応を準備しようとする姿勢に基づいているのではないか。言い換えれば、なんとか不安を除去したいと考えているのだ。

しかし未来は何が起こるか分からないと考えた方がよい。そして何か起こった時は「なんとかなるだろう」という姿勢で立ち向かう方がうまくいくのではないだろうか。

小売店の商店主やライター、カメラマン、コンサルタントなどのフリーランスは、会社員よりも収入や貯蓄は少ないと思えるが、相対的には老後のお金に対する不安をそれほど語らない。もちろんフリーランスには定年という区切りがないことも大きいだろう。ただそれだけではなく、会社員とフリーランスの心持ちの違いというのか、姿勢の違いも大きい気がするのだ。

会社員の場合は、毎月の給与の額はほぼ一定である。その範囲内で生活することが当然だという前提の中で生きている。しかもその前提は動かせないということもまた前提になっている。

そうするとどうしても枠組みにとらわれて将来に対する不安が昂《こう》じてくる。たとえば、フリーランスとの会話の中では、「今月は旅行に行って多額の出費があったので、来月からは仕事を増やして稼がなきゃ」という発言は当然のように出てくる。

また会社員から独立してコンサルタントに転じた人との話で、独立して何がよかったかと聞くと、「とにかく収入と支出を両方コントロールできることだ」と答えてくれた。会社員の場合は収入も仕事も一定の枠組みの中に収まっているので、商店主やフリーランスのように柔軟に物事を捉えることが難しくなる。

結局、会社員にとっての会社というのは頭の中で描いたイメージである。社屋などの建物があるから誤解しやすいが、実体のあるものではない。生命保険会社の人事部門で各職制の社員と面接していた経験で言えば、総合職や一般職、営業職などの各職制から眺めている内容は、同じ会社なのにそれぞれかなり異なっていた。極端に言えば、会社は個人が頭の中に描いた〝幻想〟なのである。もちろん幻想だからといって全く意味がないということではない。そこには将来への夢や希望を込めることも可能だ。

ただ会社組織というのは人が自らの意識の中で作った約束事なので、その幻想に縛られすぎては視野が狭くなる。多くの会社員は、自分が描く会社という枠組みにとらわれすぎているというのが私の実感だ。そのため在職中から定年後の課題を見据えた時には必要以上に不安が大きくなるのではないか。総務省統計局の労働力調査を見れば、日本の労働者人口のうちの約9割が雇用者（企業などに雇われている人）なのである。どちらかと言えば、将来を悲観的に見る心持ちと、これらのことが相まって、定年後のお金の不安がクローズアップされている。

実際に定年後の生活に入ってみるとよく分かるが、意識だけにとどまらない体も含んだ個人の現実感のある世界なのだ。組織の中で作った関係は、組織を離れれば消える。そこでは高齢者に関わる統計数値も、高齢化社会の専門家の提言もそれほど役に立たない。

それではどうすればよいのか？　一言で言うと自分が納得のいく何かをすること、行動することが必要になってくる。頭の中の理屈ではどうにもならないと思い定めた方がよいと思うのだ。この将来に対する不安をもう少し具体的に考えてみよう。

「退職時に〇千万必要」は本当？

金融商品を勧める会社も、老後の不安にポイントを置いて自社の商品を売り込んだり、自社に投資を呼び込む説明を行っている。もちろんこれ自体は問題のない営業活動ではあるが、金融商品を勧める会社のホームページなども参考にしてその具体的な内容を左記に示してみる。

「まず、あなたは今後の長い第2の人生をどのように過ごしますか？」。日本人の平均寿命が、男女とも80歳を越えて、医療などの発達によりさらに長寿化が進むことが予想される。人生100年時代とすれば、定年後は40年ある。その長いセカンドライフに選択肢は沢山ある。たとえば「旅行三昧《ざんまい》」「趣味を活《い》かして起業」「地元へ戻ってゆっくり

過ごす」などなど。

あなたがどんな未来を描くにしても、お金の存在は非常に大切。働いて得る収入がなくなる分、今のうちから準備をしておく必要がある。まずは、自分のセカンドライフを具体的にイメージして、そのうえでどれくらいのお金が必要になるのか、シミュレーションをしておくことだ。

「今まで通りの生活を保っていくには、いくらぐらい必要になるの？」「年金だけだと、生活していくのが難しそうだ」と疑問や不安が募る。たとえば夫65歳・妻60歳以上の夫婦無職世帯の場合であれば、年金などの社会保障制度で生活をやりくりするとなると、毎月いくらの収入があり、生活費の支出がいくらになるのか気になるところである。受け取る年金が毎月20万円で、節約を重ねても仮に生活費が25万円だとすれば、毎月５万円の赤字になる。これが30年も続けば２０００万円程度の大赤字ということになる。

つまり、今から対策をしておかないと、普通に生活していくだけでも毎月の生活資金が不足してしまう。定年を迎えてからいきなり資金をつくるのは無理だ。安定した収入があるうちに、「ゆとり資金」をつくっておくのが賢明である。そのためには、長期・積立・分散投資を通じて、安定的な資産づくりに取り組むべきだ。

たとえば、毎月３万円を20年間運用した場合と、そうでない場合をシミュレーションしてみると、20年間、年率３％で運用した場合は、約９８５万円に、運用しなかった場合は７２０万円にとどまって、将来に大きな差が出ることが分かる。
積極的なセカンドライフを過ごす人、のんびりと過ごす人、今まで通りの生活を保ちたい人。これからの時代、〝定年後〟の考え方はどんどん変わっていき、セカンドライフの選択肢はもっと増えていくだろう。将来、お金に困らないために、働いている今のうちから準備しておくことは決して無駄にはならない。未来のためのお金を用意しておく重要性に、今から気づいて準備を始めるか、将来になって慌てて気づくか、大きな分かれ道はすぐそこに来ている。

こういった具合だ。たしかにこの内容を論理的に読めば、どこにもおかしな点は見当たらないように見える。

私から見れば、２点ほど気になる点がある。１点目は、夫65歳・妻60歳以上の夫婦無職世帯の設定であるが、この年齢では夫婦とも何の収入も得ていない人はかなり少数派だ。２０１８年の労働力調査によれば、65歳から69歳の男性の57・２％、60歳から64歳の女性の56・８％が働いている。仮に夫婦のどちらかが働いて、月に５万円程度の収入を得れば、その間は赤字は生じないことになる。金融機関の言う「老後」を短くすることができるのである。

また長く会社に勤めた人であれば、一定額の退職金をもらっているだろうし、場合によっては、公的年金のほかに企業年金を受け取っている人がいるかもしれない。これらは勘案されていないのである。

2点目は、毎月3万円を20年間運用した場合と、そうでない場合をシミュレーションしているが、20年間、年率3％で運用した場合は985万円に、運用しなかった場合は720万円にとどまることになっている。この場合の運用は投資信託を前提にしていると思われるが、かつての銀行の預金とは違い、3％の利回りが毎年毎年実現されて複利で運用できるということは現実的ではなく、不適切な情報提供だと言わざるを得ない。

投資信託の場合は、基準価格が上下に大きく変動する（この変動幅を投資的には「リスク」〔標準偏差〕と呼んでいる）ので、結果的に年率3％になったとしても、実際にはもっと高い利回りが得られることもあれば、大きく元本を割り込むケースも想定でき、予測不能である。驚くことに、金融庁の投資の資産運用シミュレーションにおいても、運用成果が毎年実現している前提の図表で説明している（2019年11月現在）。

このように老後の不安をやや大げさに見せるとか、投資におけるリスクを明確には言わないなどの話法があることは理解しておいた方がよいだろう。

次に、実際に私がシミュレーションを受けた時の内容を説明してみよう。

シミュレーションを体験

私は5年前（2015年）、雇用延長を選択せずに60歳で定年退職した。定期収入がなくなった機会に、証券会社で、今後の財産についてシミュレーションを受けてみた。定年まで生命保険会社に勤めていたので、財産管理や投資の基本は分かっているつもりだったが、自分の資産について診断を受けたのは初めてだった。

事前に「ねんきん定期便」を持ってきてくださいと担当者に言われて、証券会社の顧客相談ブースについた。現在の財産額、家族構成、月額の生活費、月額の予想収入、受け取る厚生年金の想定額、住んでいる中古マンションのリフォーム費用、自家用車の買い換え費用、子どもの結婚費用など、女性の担当者からの質問に対して一つ一つ答えた。彼女がそれらを逐一パソコンに入力すると、60歳以降の年齢の経過に応じて財産がどのように変化するかを一覧で見ることができた。90歳までシミュレーションされていたが、その90歳時点の財産はマイナスになっていた。

パソコン画面を見ていると、お金に対する老後不安の原因は、定年後にどれだけお金を支出するかが分からないことだ。今後の生活費やマンションのリフォーム費用、また介護に関する費用などは半ば適当に答えていたからだ。

生命保険文化センター「生活保障に関する調査」（令和元年〔2019年〕度）によると、夫婦2人の老後の最低日常生活費は月額平均22・1万円、ゆとりある老後生活費は月額平均36・1万円とある。たとえば、月額22万円を65歳から89歳まで25年間であれば6600万、月額36万円を25年間であれば1億800万円になる。これらの金額と現在の貯蓄額を比較すれば不安を感じるのも無理はない。金融商品を勧める担当者やマネー関連の雑誌の中には、この不足額を誇張したものも見られる。

しかし、定年まで勤めた会社員であれば厚生年金が支給される。受け取る額は、加入期間や平均年収によっても異なるが、65歳以降に受け取る年金額は、計算上は最低日常生活費である月額平均22万円に近い金額にはなるだろう（厚生労働省が示している夫婦2人分の標準的な年金額は、平成31年度で月額22万1504円になっている。ただし社会保険料はここから引かれる）。これに退職金や企業年金が加わると、贅沢《ぜいたく》しなければ最低限の生活費を確保することはそれほど難しくないように見える。

また先ほどの投資を進める営業のロジックでは、定年後は働かないという前提でシミュレーションを行っているが、実際には定年後も働いている人が大半であり、私と同年代の60代前半で働いていない人は圧倒的に少数派である。仮にアルバイトで75歳まで働いて月に8万円程度の収入があれば、年間100万円になり10年間で1000万円になって結果は相当違ってくる。

このシミュレーションを整理して考えれば、要は、支出である老後の生活費をいくらに設定するか、公的年金と退職金を含めた貯蓄額および働いて得る収入の合計額をいくらに見積もるかに帰着する。そして最も不確定なのは、自分が何歳まで生きるかが分からないということだ。

もし65歳から89歳まで25年間生きると考えると、毎月20万円で生活するならば、ほぼ公的年金だけで過ごすことができる。

月35万円の生活をするならば、公的年金のほかに、「退職金＋貯蓄額」に加えて働いて稼ぐ金額が４５００万円（15万円×12か月×25年）必要といった具合だ。毎月50万円のプチセレブ的な生活を続けるならば、「退職金＋貯蓄額」に働いて稼ぐ金額が合わせて９０００万円（30万円×12か月×25年）近く必要という計算になる。

しかしこれらはあくまで机上の計算数値であり、後にも述べるように実際には役立たない。

たとえば、会社員の話を聞いていると、生活費の支出は各自で相当異なっており、定年後の実際の生活費は、平均ではなく定年直前の自分の生活費に規定されていると思われる。

30年後は見通せる？

シミュレーションでは毎月の生活費は一律として試算するが、実際には60歳時点と80歳を越えた時の生活費はかなり違っているだろう。私が両親を看《み》ていた時の状況から考えると、80代にもなれば、行動範囲が狭くなり食も細る。日常生活ではそれほどお金を使わない。

総務省統計局家計調査で、2人以上世帯の「世帯主の年齢階級別」1か月間の消費支出（2018年度）の額は、50～59歳の世帯で34万2757円、60～69歳の世帯で29万1019円、70歳以上の世帯だと、23万7034円である。年齢が上がるにつれて消費支出は明らかに下がるのである。このため現在の生活費を前提に平均余命まで生きるとすれば、支出は過大になる。

また交換価値としてのお金は同じでも、心理的価値は人によって大いに異なる。たとえば大金持ちの人の1万円と貧乏な人の1万円とは、相当価値は異なる。以前、前衛美術家の赤瀬川原平《あかせがわげんぺい》さんが、いろいろな人に「フリーハンドで1万円札の絵を描いてください」と言うと貧乏な人ほど1万円札を大きく書いたというエピソードもあるそうだ。稼ぎの面から見ても、時給1万円稼ぐ人と1000円稼ぐ人とでは、同じ1万円も同列には論じることはできないだろう。

支出面から見ても、定年後は贅沢な旅行がしたいという人でも、海外の観光地を巡って大金を使うことが贅沢だと考える人もいれば、国内のひなびた温泉で何もせずゆったりと過ごすことだと考える人もいて、これも人によって異なるだろう。やはり一律に論じることは難しい。老後の過ごし方は人によって千差万別であり、お金に対する心理的価値も異なる。そう考えると老後資金の必要額にも正解はないと言えそうだ。

またこのシミュレーションを受けた時に、そもそも30年先の未来まで自分の財産を計算するのも何か納得がいかなかった。映画「バック・トゥ・ザ・フューチャー　PART2」（1989年公開）のことを思い出す。1985年にデロリアンという車型タイムマシーンが、空中に炎の軌跡を残して30年後の未来に飛ぶ。その未来はちょうど私が定年退職してシミュレーションを受けた2015年だった。映画が予想した未来を実際に私たちは確認できたというわけだ。

映画に描かれた2015年は、自動車が空を飛んで、自動靴ひも調節機能付きスニーカーが登場している。しかし実際には、それらはまったく実現されていなくて、映画には出なかったスマートフォンを持ち歩いている人が街にあふれている。あれほどのSF映画を製作したスタッフでも30年後の未来は見通せない。かなり先のことを考えて不安を抱く前に、まずは現在の家計をきちんと押さえることが大切ではないかと思ったのだ。

不安の原因はお金ではない

会社員をしながら個人投資家としても積極的に活動している人の中には、「できるだけ早く投資で稼いでアーリーリタイアメント（早期引退）する」という発言をしている人もいる。

もちろん中高年以降をどのように過ごすかは個人の自由なので、私が口を挟むことではない。ただ、ある定年退職した会社員の述懐には興味を惹かれた。定年前は、旅行や読書、映画鑑賞など悠々自適のリタイア生活を満喫するつもりだったが、いざ始めてみると、解放感ではなく寂寥感《せきりょうかん》が忍び寄り、世間が自分を隔ててしまったような気持ちに陥ったそうだ。彼がそこで気づいたのは、充実した生活を継続するには、現役時代の仕事に代わる基本生活、毎日の活動が大切だということだった。彼はそこから自分なりの楽しみを見つけたという。趣味三昧の生活に憧《あこが》れる気持ちは分かるけれども、長く会社員を経験した人で悠々自適な生活で満足できる人はそれほど多くはないのではないだろうか。

定年退職者の取材で、現役の時からゴルフが趣味だからと、地元に戻ったのを機会にゴルフ会員権を取得した先輩がいた。彼は月に何回もコースに出ているが、かつてのような楽しさは感じなくて「ちょっと難行のようだ」と語っていた。「これからは釣り三昧！」と言っていた先輩も、定年退職後にほとんど釣りに行かなくなったそうだ。また田舎生活に憧れて地元に戻った人も、仕事をしないで悠々自適は難しいと語ってくれた。

仮にお金が貯まって働く必要がなくなったとしても、何らかの意味で社会とつながっている必要がある、というのが定年退職者を取材した時の実感である。

仕事は直接的、間接的に人のために何らかの意味で役立っている。現役を退いても自分の健康と持ち時間に応じて社会と関わっておく必要がある。それは少し若い時期にリタイアしたとしても同じであろう。

リタイアすることを目的化するよりも、仕事自体に意味を見出すことの方が、より幸福に近い人が多いと私は思っている。「四分の一天引き貯金」（収入の4分の1を貯蓄に充てる）の主張で知られ、株式投資家としても著名だった元東京大学教授（専門は造林学）の本多静六《ほんだせいろく》氏は、『私の財産告白』という著書の中で、仕事に打ち込んで職業を道楽化することの意味を強調している。こちらの方が早期リタイアよりもフィット感のある人が多いのではないだろうか。やはり仕事に没頭できる、仕事が面白いというのが一番で、健康にもよいことは多くの人にとっては真実だろう。

そうは言うものの、実は私も休職して給与が半減した時に、早期リタイアを願っていたことを思い出す。先ほどの映画「バック・トゥ・ザ・フューチャー2」に登場する悪役のビフ・タネンのように未来に行って、競馬の結果を現在に持ち帰れば、多額のお金を得ることができると就寝前にいつも頭に描いていた。このまま会社に復帰できなければ、貯金はいずれ底を打ち、家計は破綻《はたん》するだろうと思っていた頃のことだ。その時は、自分の苦しさと正面から向き合わず、早期リタイアの夢想に逃避していただけだったのだ。未来が見えない焦りによって、すぐにお金に困っていないにもかかわらず、お金の心配ばかりしていた。

小さくても自分の取り組むことが見つかってからは、そのような夢想はなくなった。先ほどの元会社員が言うように、現役時代の仕事に代わる基本生活、毎日の活動こそが大切なのである。それが見つかってからは、将来の不安はかなり払拭《ふっしょく》できた。

そうして考えてくると、老後のお金の不安は、実はお金の問題ではなくて、自分の中にある未来に対する不安であり、将来の出来事に対応できない恐れではないか。そのため、仮に貯金を多少増やしたとしてもお金の不安はやはりなくならないのである。

「貯めている人は先を見ていない」

多くのシニア社員や定年後の元会社員に話を聞き始めて感じたことがある。充実した生活を送っている人の中で、何年も先のことを考えながら生活している人はほとんどいないということだ。

多くの人の家計相談に応じてきて、著作も多い横山光昭《よこやまみつあき》さんは同様のことを述べている。「老後のお金をどう貯めるか？」については、2通りの考え方があると彼は整理している。

①「未来」を見据えて、そこから逆算して「月いくら貯めればよいか？」という考え方

②「今」を見直し、そこからスタートして貯金を積み立てていく考え方

横山氏は、一見すると①の方が毎月の貯蓄額も定まり、目標もあるのでしっかりと貯めることができるように思えるが、未来は不確実な要素が多いので、「今」を見直して、それを積み上げていく方が貯蓄額が大きく増えていくことになると言う。そして「多くのお金を貯めている人」がやっている方法も②のやり方であると主張している。

未来の時間の捉え方については、逆算型に捉えるケースと「積み立て型」で考えるケースの2通りがありそうだ。

たとえば1年後に本を出す場合には、そこから逆算して、その3か月ぐらい前には原稿が仕上がっていなければならない。本の印刷や書店への事前の告知や営業も必要だからだ。またその前に編集者のチェックを受けることを考えると、著者として最後まで書き通した原稿を今から8か月後には出版社に送らなければならない。そのためには、そろそろ書き始める必要があり、原稿の構成や章立てに早急に取り組まなければならない。これは本を出版するというゴールから逆算している。

一方で実際に出版を考える時には、まずは資料やネタ集めから始める。今までのメモを整理するなかで構想を練り、なんとか章立てに至るようにとにかくパソコンに文字を打ち込み始める。書き進めながら立ち往生したり、途中でテーマを変更したりすることもある。もち

ろん章立てを組み替えるような変更は当然のように生じる。場合によっては、一時的に執筆を中断することもあり得る。こちらは現在から変化しながらゴールを目指すことになる。

逆算型の時間軸も積み立て型の時間軸も両方とも必要であるが、未来を逆算して捉えるケースでは、未来は予測できるものとして計画を立てる。これに対して後者の積み立て型では、未来は予測できず、行き当たりばったりで進むことが前提だ。前者は未来を意識で捉えているのに対して、後者は未来を頭だけではなく体で捉えているといってもよいだろう。

たとえば、「死」といった必ず生じる絶対的な事実から時間を逆算することは今の生き方を見直すことにつながる。しかし「90歳になってもなんとかお金に困らない状態」といった漠然とした目標を前提に逆算型で考えると、頭の中だけの計算に終始することになってしまう。遠い未来に重点を置きすぎると、結果として「いずれは老後資金がマイナスになってしまう」といった不安を煽《あお》ることになりがちだ。

それに、「5年後はこういう自分、10年後はこういう生活」といった将来が見えて安定した生活を目指したい人もいるだろうが、実際にはそうは問屋が卸さない。だとすれば、先が見えないことや不確実なことを楽しむぐらいの姿勢も大切ではないか。私はそういったスパイスが人生にないと面白いとは感じないし、わくわくもしない。

金融機関やファイナンシャル・プランナー（FP）の多くの人たちは、未来からの逆算を主張している。しかし他人の力を借りてシミュレーションをしてもらう前に、まずは自身で自分の家計の特徴を把握しておくことが必要である。なぜなら計算上ではなく、現在の延長線から老後は始まるからである。この家計管理の検討については、第2章で詳細に述べてみたい。

安全を求めすぎるな

未来を予測しながら自らの将来について頭で考え出すと不安が増殖してしまう。それではどうすればよいのか？

お金も仕事も最終的には自分が幸せになるための手段にすぎない。私は歓楽地近くの庶民的な商店街で育ったが、そこの商店主やアウトローの人たちに比べると、会社員はお金や仕事に縛られすぎている。中小企業の経営者やフリーランスに比べてもそうだ。

こんなに平和で豊かになってきた社会で、もっと会社員は幸福になれるはずだとずっと考えてきた。もっと「いい顔」で過ごせるはずなのだ。私は一緒に働く仲間には感謝しながらも、会社組織は、なぜ各人の個性や楽しみをないがしろにしながら運営されるのかについてずっと疑問を抱いてきた。しかしそのうちに会社員が組織にもたれかかっていることもその一因だと気づいた。

まずはもっと自分の時間を大切にすべきだろう。意味のない仕事以外の付き合いなどはできるだけ排除すべきだ。人生は短いので面白くないことをやっている時間はないと思った方がよい。定年後には世界遺産を訪ねたいと夢見ていても、歳を取れば体力が衰えて行けなくなるかもしれない。やりたいことがあるなら臆《おく》せず早めに取り組むことだ。私の周囲にも、体力のあるうちだからと定年してすぐ、パック旅行ではなく自分たちでホテルや航空券を手配し、南米ペルーの世界遺産のマチュピチュに家族揃《そろ》って出かけて満足している人もいる。

中堅以降の会社員の話を聞いていると、リスクを避けようとしたり、リスク管理の視点が先行しすぎているのではないかと感じることが多い。30代から定年後の準備が必要だと考えたり、公的年金の将来を必要以上に憂えたり、とにかく自分の人生における金銭的な安心感を得たいと願っている人が少なくない。もちろんそれらの気持ちは分からないではない。しかし失敗を回避しようとするあまり、決まったルートを安全に進むことを考えすぎてはいないか。あらゆる場面を想定し、自分の人生を間違いなく設計することで、本当に満足できるのだろうか。人や物事との出会いを楽しむことをもっと重視すべきではないか。

私は、この15年ほど会社員の取材を続けてきて、表面的に見れば、挫折《ざせつ》や不遇の体験を通じて自らの個性を輝かせる事例に少なからず遭遇してきた。

多くの人は自分の将来のリスクを避けようとして、今の時点で必要以上に我慢をする気持ちが強すぎるのではないか。もっと家族や友人と楽しい時間を過ごし、自分の趣味や好きなことを大切にする方がうまくいくような気がするのである。老後のために節約ばかり考えるのではなく、中年期の今も大切な思い出を築くために面白がることを意識してはどうだろう。老後資金が足りないと不安を抱いている人の話を聞いていると、実はその不安とお金には直接の関係はなくて、その人の物の見方や自己肯定感、未来に対する姿勢との相関関係が強いと思えるのだ。

元気で明るく生涯現役

映画「バック・トゥ・ザ・フューチャー2」の例を見るまでもなく、20年後や30年後の自分を想定してみても、その通りにはならない。10年後の未来についても明確な指針を出せる人などいないのだ。遠い未来を読み取ることや、その準備を検討することは、絵空事だと考えた方がよい。しかもマネー雑誌やFPの人たちが語る老後不安の根拠は、「平均」生活費なのである。しかし自分の人生は自分のものであって、平均という他人の尺度に合わせる必要はない。人生は有限で短い。その短い人生を味わうことは今しかできないのである。

私が主宰する研究会で、「定年後のお金」をどう考えるかについて何回か議論したことがある。最終的な解決法は、元気で明るく生涯現役で働くということに落ち着いた。70歳を越えた人も「とにかく働けるのであれば働きたい」と語り、60歳以降にハローワークに通っても仕事が決まらず悲観的になった人が「時給は高くないが、働くようになって精神的に安定した」と言う。元高校教師は「今をしっかりと生きることにより不安を寄り付かせないようにしている」と語った。彼は「毎日テレビ体操と散歩をして、たまに寄席《よせ》を見物し、講演を聴きに行く。また同窓会役員として活動している」と語っている。つまり安心感は、将来も働き続けることや、日常の生活を整えることから生まれるものであって、頭でお金の計算をしているだけでは解決しない。不安の反対語は、安心ではなくて行動なのだ。言葉を換えれば、多少の環境変化があっても自分はなんとかできるという自信を持つことだ。

若い時から飲食業や広告関係の会社を経営してきた人は、「どんなことがあってもなんとかなります。そうでも思わないと自分で商売なんかやっていけません」と言い切った。変化に柔軟に対応していこうとする姿勢を感じた。老後の不安を口にする多くのサラリーマンとのスタンスの違いが印象的だった。万一、会社がつぶれたり、ＡＩ（人工知能）によって仕事がなくなっても、なんとか生きていけると思っている人は、専門性があって多く稼げているのに将来が不安だと思っている人よりも強いのである。

変化があってもなんとかやっていけるという心持ちになると、自分の時間を生み出すためにお金を使ったり、人と人との人間関係のつながりにお金を投じる大切さに気づくだろう。

長く地域活動をしてきた人は「将来のお金の不安は、自分が働くことと、身近な共同体での助け合いで解決できる」と語る。

苦労して稼いだお金を使うのは、本来は楽しいはずだ。しかし不思議なことに、定年後になると使い道が分からなかったり、使うことができなかったりする人もいる。またお金を使うといっても、貯めることや増やすことだけを考えて投資先の検討ばかりしている人もいる。貯蓄が自己目的化しているのだ。

お金の交換価値は幅広い。お金はお金を増やすためだけではなく、新たなスキルを獲得したり、人間関係を広げたり、新たな物品を手に入れたり、趣味にお金を投じて人生を豊かにしたりすることを考えるべきだ。そういったスタンスのなかで、現在の家計財産をどのように管理すればよいかについて次章以降で考えてみたい。

第2章　財産増減一括表
――まず自分の財産を知る

自分の現状を知る

私が若い頃を過ごした昭和の時代は、今から考えると右肩上がりの一次方程式の期間だった。高度成長を背景に給与やボーナスは上がることが当然で、毎年の春闘では、給与が何%上がるかの議論だけで、マイナスになるなんてことは考えられなかった。家やマンションの不動産価格も上がり続けた。

また、定年までの終身雇用は確保されて退職金の額も年々上昇していた。当時は預金の金利も高く、厚生年金の支給額についても当然のように増えていくものと考えられていた。

このような時代には何も考えずに懸命に働いていれば、収入や家計財産も増えて、特にお金のことを真剣に考える必要はなかった。一戸建てやマンションを購入しても、それらの価格は上がり続ける。多少無理な額の住宅ローンを設定しても、インフレのおかげもあってなんとかなった。

しかし1990年代半ば以降に歯車は逆回転を始めた。家や土地が上がり続けることは前提ではなくなり、終身雇用も揺らぎ、働く側も必ずしも定年まで同じ会社で働き続けることを望まなくなっている。退職金制度を見直す会社も少なくない。また60歳から65歳への公的年金の受給年齢の引き上げも行われた。もはや一次方程式の時代ではなくなり、多元的な要素を勘案しなければならなくなった。

かつてであれば、家計簿を使ってお金の収支を管理しておけば、その他のことを勘案しなくても何も問題はなかった。しかし状況は変わったのである。こういう時代の変化の中で、どのようにお金を管理していくかが今は問われている。

第1章では、30年先にポイントを置いて、そこから逆算して「月いくら貯めればよいか?」を算出する考え方と、今を見直してそこからスタートして貯金を積み立てていく考え方の2つがあって、多くのお金を貯めている人がやっている方法は後者だという専門家の見解を紹介した。

取材の中で、お金に対してきちんとした見識をもっている人の多くも、後者のスタンスに立つ人がほとんどだ。自らこの30年を振り返っても、やはり先のことは見通せないことが分かる。不透明な時代においては、現状を把握しながら進むことが大切だ。これはお金の問題だけではなく、働き方や生活にも通じることだろう。

お金は明快に数値に換算できるので、現状を把握・管理するのは、働き方や生活に比べて容易だと言えるだろう。

ただ、自らの家計資産を管理し続けるのはそれほど簡単なことではない。仕事に忙殺されて手が回らない時もあるし、１９８７年のブラックマンデーや２００８年のリーマンショックなどで株価が大暴落した時は、とにかく自分が保有する株式や投資信託の現在価格を見たくない気分になるからだ。

そういう意味では、お金の管理は簡明でシンプルであることも重要である。そうでなければ長期間続けることはできない。細かい点は割り切ることだ。

そして同じ視点から家計を継続して管理していけば、その環境変化にも気づくことができる。たとえば30年前は預金金利が家計財産を運営する際の大きなポイントだったが、今では考慮に入れないほど金利は低い。預金利息という概念がなくなったといってもよいだろう。しかしこれも今後どこかで変わるかもしれない。

私は今まで著書を通じて、会社員は主体性を持つことが大事だと何度も繰り返してきた。それはお金に関しても同様で、まずは自分とお金の関係を自ら把握することが主体性を持つ第一歩だと考えている。

家計簿では間に合わない

家計の管理をきちんとしていくと言うと、家計簿のことを思い浮かべる人が多いだろう。市販されている家計簿はいろいろな面で工夫されている。昨今は購入の際に簡単にレシートを取得できるので作成もしやすくなっている。

ただ、家計簿を細かくつけている人は全体としてそれほど多くはない。家計簿をつける人の割合については、国立社会保障・人口問題研究所「生活と支え合いに関する調査」（2017年）では、無回答の人を除くと先月家計簿をつけたという人は平均で25・1％となり、家計簿をつける人は約4分の1ということになる。

2018年にインターネットリサーチのマクロミルが行った「家計管理に関する調査」では、家計管理を主に自分自身がしていると回答した1922人へ、「支出額の把握に使っているツール」を尋ねたところ、「紙の家計簿（26・6％）」「家計簿アプリ（14・7％）」「Excel（12・4％）」が続き、「何も使っていない」という人は41・5％に上っている。頭の中で漠然と管理している人が多そうだ。

なぜ家計簿をつけないかを実際に会社員に聞いてみると、返ってくる答えは「記入や整理に手間と時間がかかる」「仕事が忙しいと記入するのを忘れてしまう」「やってみたけど三日坊主だった」「配偶者にすべてを任せている」といったものが多い。

家計簿は家計を把握するための有効な手段であるが、手間と時間がかかることから家計簿をつけている人は少数派のようだ。最近は家計簿アプリを使用する人が増えている。一度口座情報を登録すると、以降は自動で複数の口座の情報を取得・分類できるので分かりやすい。またスマホやタブレット（アップルのiPadが代表的）で見ることができるので即時性も高く、どこででも確認できる。

ただ、これらの家計簿は「毎月の支出を把握するため」という目的が多いようだ。たしかに毎月の収支を管理して貯蓄をどのように増やしていくかを検討することは間違いなく大切なことだ。しかし家計全体という観点から見れば、収入（給与）－支出＝貯蓄という お金の収支は全体の一部にすぎず、現金以外の家計資産を含めた管理が必要になってくる。たとえば住宅ローンを借りて返済している人であれば、返済額の中に元本部分の返済額と利息部分の返済額が一括して銀行口座から引き落とされている。しかしこの両者の家計財産に与える影響は、後述するように異なっているのだ。家計簿が表しているのは、資産の一部である現金の動きにすぎない。

家計を本当の意味で知るには、日々やりくりするお金だけではなく、銀行預金や株式、投資信託、マンションなどの資産や、住宅ローンに代表される負債なども含めてトータルに把握する必要がある。まずは足元の全体の状況を理解しておかないと、何を捨てて何を残すかの判断ができず、お金を有効に使うことにつながらない。

自らの家計を把握

金融広報中央委員会の発表する「家計の金融行動に関する世論調査」（2018年）は、全国8000世帯を対象にしたもので、「世帯主が20歳以上でかつ世帯員が2名以上の世帯」を対象にしている調査である。年齢別には見ることはできないが、老後の生活について「心配である」（「非常に心配である」と「多少心配である」の合計）と回答した世帯は79・2％で、「それほど心配していない」の19・8％を大きく上回る。やはり老後の生活に対する不安は高いことが想定される。また「心配である」としている世帯では、その理由について「年金や保険が十分ではないから」が72・6％、「十分な金融資産がないから」は69・0％で、両者が上位を占めており、年金の受取額や保障面が十分でなく、自分の持つ金融資産の額が心配の原因であるようだ。

一方で、家計の資産負債バランスの評価について、「意識したことがない」とした世帯が65・5％となっている。老後の生活に対する不安は大多数が感じているが、自らの家計の資産と負債のバランスの評価について、「意識したことがない」が3分の2にも達している。

また自らの家計の資産と負債のバランスの評価を意識している世帯の内訳では、「バランスにはゆとりがある」もしくは「バランスについて不安はない」とした世帯は合わせて17・1%で、「資産と負債のバランスに不安を抱えている」とした世帯は12・9%である。

つまり自らの家計の資産と負債のバランスについて考えている世帯を見れば、不安を抱えている世帯が少数派になっていることに注目したい。この調査は毎年行われていて、今回引用した数値は前年と大きく乖離《かいり》したものではないことも付け加えておく。

家計管理や投資の相談を受けている専門家に聞いても、お金を払って相談に足を運ぶ人の中には家計全般を把握している人は少なくないが、世間一般ではそういう発想のない人が圧倒的に多いという。

余談になるかもしれないが、会社員が家計のことを本気で考えるのはどちらかと言えば苦境に陥った時だというのが取材での実感である。本書の中でもいくつか挙げているように、バブル期に高額の住宅を購入してローン返済に四苦八苦した人、ワンルームマンションの投資がうまくいかなかった人、会社の退職後もお金を使いすぎて借金を重ねた人、親の相続での財産分配において親族間で激しく揉《も》めて困り切ったという人などである。私も本気で自分の資産や負債のバランスを検討したのは、バブル期に住宅を購入するかどうかを迷った時、休職によって給与が半額以下に減少して生活費の赤字が続いた時などである。

家計全般の管理の話に戻ると、「老後のお金が不安だ! 不安だ!」という人は少なくないが、彼らに話を聞いてみると、自らの家計について自分できちんと把握できていない人が大半である。また私の主宰する研究会で、老後の不安について議論した時に、生活費の「平均」をもとにして不安を抱くのはよくないということでは一致した。しかしこの「平均の生活費」以外で頼りにできるものはあるのかと聞くと、具体的な話は出てこなかった。

もともと家庭により暮らし方やお金の取り扱いはさまざまであり、定年後になると収入が以前に比べて激減したり、収入がなくなることもあり得る。その時に自らの家計全般を把握・管理しておくと今後の見通しがつけやすい。

本章では、家計全般を管理するやり方を私の経験をもとにして家計の「財産増減一括表」という名称で紹介してみたい。

企業会計の発想を借りる

私は、新入社員の頃はお金には無頓着で、とにかくあればあるだけ使っている状態だった。当時はアパートで一人暮らしだったので、日曜日になると、数か月たまった新聞代を販売店の人が集金に来た。しかしお金の持ち合わせがなかったので、布団をかぶって息を潜め、相手が帰るのを待っていたこともあった。また、給料日前にお金が足りなくなってサラ金に一時的に借りに行こうかと先輩に話すと、「それはやめた方がよい」と言って貸してくれたこともあった。ただ入社して10年くらいになると少しは貯金も貯まっていた。

私が家計管理を真剣に考え始めたきっかけは、その頃に住宅を購入するかどうかの判断を迫られたからだ。昭和の終わりの頃には、土地も建物も高騰を始めていて、「住宅は今買わなければ取得する機会を逸する」などと言われていた。当時は、土地や建物は当然のように上がるという神話がまだ信じられていた。私と同年代の先輩たちの中には、乗り遅れてはいけないということで一戸建てやマンションを買う人が少なくなかった。私も友人から少し遠方にあるニュータウンの一戸建てを勧められていた。

もちろん貯金はそれほどなかったので、多額の住宅ローンを抱えて大丈夫だろうかという考えが頭に浮かんだ。ローンの金利も今とは違って5％を超えていた。当時は給与もまだまだ上昇するという前提だったが、気になったのは、多額の住宅ローンを抱えてしまうと将来会社を辞めたくなった時にも辞められないのではないかということだった。当時は、ずっと会社で働くことに漠然とした疑問を抱いていたからだった。

この時に、今までのように単に、収入－支出＝貯蓄の考え方ではうまくいかないということを痛感した。そしてちょうどその頃、ある公認会計士事務所が、銀行や保険会社の若手社員を集めて、簿記や財務諸表に関する勉強会を実施することになった。

そして私が会社から指名を受けて派遣されることになった。そこで学んでいくうちに、家計についても企業会計の考え方を取り入れるべきだと思いついて、後述する「財産増減一括表」を検討するきっかけになった。昔の大学ノートを確認すると、昭和63年（1988年）から始めている。

言うまでもなく、住宅ローンは多額の負債を抱える行為であり、元本、利息を含めた借り入れ額を給与から毎月返済して、期間は何年まで続くのか。会社での給与やボーナスの上がる見通し、子どもの教育費なども勘案しながら検討する必要があった。また、先ほど述べた転職や転勤の可能性などの働き方や、家族を含めたライフスタイルの変化にも柔軟に対応できないことも考慮に入れた。

結果的には、住宅ローンの完済まで会社に縛られる（何かあっても会社を辞めることができない）ことを考え、購入することを断念した。また住宅は高額で1回限りの購入になるので失敗の怖さもあった。30代半ばというまだ先が見えないタイミングで購入することにリスクがあると判断したのである。

企業会計では、会社の財産を全体的に管理するという発想がある。それと同じく家計においても日常の収入と支出だけでなく、投資とそのリターンの実績や住宅ローン、自動車ローンなどの負債の状況も勘案して、家計全体を定期的に把握する視点が不可欠である。

同じ会社に勤めるサラリーマンでも、お金を管理する発想自体が全くない人もいれば、給料と支出だけを考えてどう節約するかに焦点を置いている人もいる。また住宅や自家用車、保険などの資産や住宅ローンなどの負債、資産運用の実績、および転勤を含むライフサイクルとお金との関係などを検討しながら家計財産を管理・運用している人もいる。

最後の人には、お金をどのように効率的に運用するのか、住宅ローンなどの負債に対してどういうスタンスをとるのかという発想がある。また、彼らは将来に対してどうすればよいかの見通しも持っている。もちろん将来を考えているとは言っても、30年後から逆算しているのではなく、現状から積み上げているので現実的なのである。

財産増減一括表とは

家計に企業会計の考え方を取り入れる、と聞くと身構える人がいるかもしれない。しかし会計上の知識や専門用語も不要で、記載項目もシンプルなので、慣れれば30分程度もあれば作成できる。この家計の財産増減一括表を年に2回ノートに書いて記載していけばよいだけだ。

企業は毎年、PL（収支計算書）とBS（貸借対照表）を作成して、利害関係者に自らの収支や財産の状況を開示するとともに自社の今後の経営をどう進めるかを考えている。

BSは、企業の一定時点の財政状態を「資産」「負債」「純資産」を通じて確認するためのものである。決算時（一定時点）に、会社はどんな財産（資産）を持っていて、その財産の元になるお金（負債・純資産）をどのように集めてきたかを示している。この考え方を家計財産にも借用しようというのが、これから述べる財産増減一括表である。

貸借対照表の項目と財産増減一括表の項目を記載すると図表1の通りである。

まずは貸借対照表の簡単な説明だけをしておく。基本的には各項目とも財産の残高表である。

「資産」とは会社が集めたお金をどのような状態で持っているのかを表すもので、「負債」とは返さなければならないお金で、他人資本とも呼ばれる。「純資産」とは資金や利益の積み上げを表すもので、負債とは違って返済する必要のないお金で、自己資本と呼ぶ。

貸借対照表

資産	金額	負債	金額
・現金 ・土地 ・機械 ・売掛金など		・銀行借入金 ・買掛金など	
		純資産	金額

財産増減一覧表

資産	金額	負債（借金）	金額
・現金 ・預貯金 ・家 ・株式 ・保険積立金 ・車など		・住宅ローン ・自動車ローン など	
		正味財産	金額

図表1　貸借対照表と財産増減一括表

33歳（1988年3月末）

資産	負債
（預貯金）　万円（利率）	0円（±0）
三和銀行　%（＋　）	
郵貯　%（▲　）	
財形　%（＋　）	
（保険）	
養老保険　（＋　）	正味財産
（株式）	万円
・新日鉄ほか	
（計）　万円	（計）　万円

60歳（2015年3月末）

資産	負債
（預貯金）　万円	0円（±0）
三菱UFJ銀行　（＋　）	
りそな銀行　（▲　）	
（株式）	
・東レほか　（▲　）	
（投信）	正味財産
・日経225　（＋　）	万円
（個人向け国債）	
・野村証券　（± 0）	
（金）	
・自家用車　（▲　）	
・中古マンション（▲　）	
（計）	（計）　万円

図表2　家計の財産増減一括表のイメージ　金額の単位は「万円」。マンションは30年、車は6年で減価償却。

会社の正味の財産である。等式としては、左半分と右半分が同じ金額になり、「資産－負債＝純資産」の式が成り立つ。この純資産がマイナスであれば債務超過の状態であり、企業においては倒産のリスクがあると判断される。

またBSは、資産の内容が右側の負債、つまり借金で構成されているのか、純資産という正味の財産で構成されているのかも示している。

私は昭和63年（1988年）から今まで約30年間にわたって、実際にこの家計の財産増減一括表を作成して自らの資産を管理してきた。初めの頃と定年退職時の費目を比較したものを参考に示すと図表2の通りである。作成を始めた頃は、預金金利も高い時代で利率が5%を超えるものもあり、預金利率がどんな資産を選択するかのポイントだった。一方で、昨今では低金利なので利息を考慮に入れないことが当たり前だ。最近の増減一括表では利息の項目を省いている。このように長く管理していけば家計財産の内容の変化も同時に把握できるのである。

財産増減一括表の作成

財産増減一括表作成の具体的な手順はシンプルだ。まずは大判（A4判がベスト）の大学ノートに、毎年3月末と9月末（6月末と12月末でもよい）に、資産の項目に現金や銀行預金の残高を記載する。私は、その該当日に、銀行のATM（現金自動預け払い機）で残高照会をして、その額を増減一括表に記載していた。株式や投資信託を持っていれば、証券会社からの通知が自動的に3か月ごとに来る。ネット証券ではパソコン画面でいつでも残高を確認できる。作成の際にはそれらの金額を転記すれば足りる。家計簿のような面倒な手間は不要だ。

私がなぜ半年ごとにしているかというと、1年では少し期間が長く、実際のお金の出入りの記憶が戻ってこないことがあるからだ。また3か月ごとではすぐに期日が到来する。家計の取引はそれほど複雑ではないので、そこまで頻繁にチェックしなくても十分な管理ができる。

会社員の中にはこの増減一括表と同様なものを作成している人は少なくないが、思いついた時や仕事が暇になった時にやるという人もいる。しかし定期的に決まった視点から見ることで家計財産の全体像とその推移が把握できる。またマネー本などで資産を〝見える化〟すべきだと主張していることもあるが、1回作成しただけではほとんど役に立たないというのが実感だ。決まったタイミングで資産を継続的にチェックすることこそが大切なのである。同じ視点から定期的に眺めることを繰り返すと、家計の全体像と同時にその財産の変化や概略の収入・支出額が把握できるようになるからだ。

銀行の預貯金であれば、銀行名とその金額を資産の項目に書き込めば足りる。もし投資信託や金などを保有していれば、預けている証券会社などとともに現在の評価額を書き入れる。マンションや車などはその時の想定される取引額を記入する。これらは時間が経過するにつれて価値が減少するので、後述のように購入価格を書き込んで、減価償却の年数で均等に割った額を毎回控除して計上することでも足りる。

負債の項目はさらにシンプルだ。会社員であれば、負債があっても住宅ローンや車のローンだけという家計も多いだろう。その負債額を書き込み、最終的に（資産－負債）の計算をすれば正味財産（その時点での本当の財産額）を算出できる。ノートを見開きにすれば左に3月分、右に9月分を書いて、各資産項目の後ろに半年前との増減額を入れれば一目で比較することができる。基本は資産額を書き込めば足りるので、慣れれば30分もあれば出来上がる。

そしてこの作業を2年間（4回書き込む）くらい繰り返しておのおのの項目の増減額を半年ごとに確認すれば、財産状況だけではなく、資産運用の実績、および半年ごとの収支（お金の貯め方、使い方）も大略つかめる。一般の家計ではそれほど複雑な取引もなく、日常の決まった支出が大半だからだ。また収入も会社員の場合はほぼ一定なので、主に支出額の状況と投資の成果の確認が中心になる。定年後に移行すると会社からの定期収入がなくなるか激減して、年金収入や自分で稼いだ収入に変わるが、増減一括表の役割は変化することはない。

財産増減一括表の作成を通じて、自らの資産額・負債額および自分の正味の財産額と、その増減を大略把握しておけば、必要以上に不安を抱く必要はなくなる。不安の一因は、現在の自分の家計状況が把握できていないことだからである。会社員の家計で一番大きな買い物は住宅の購入であるが、住宅ローンの返済の見通しもつけやすくなる。

またマンションや自家用車は何もしなくても、時間とともに実際の価値は減少していく。新築マンションや新車は購入した翌日から価値はドンと下落する。これらのことも考慮に入れておく必要がある。

読者の方々が、大まかに家計の財産を把握する場合には、この企業会計のBSを参考にした財産増減一括表を作成することで必要十分だと考えている。なお、私は、自分のノートに手書きで確認しながら作成しているが、エクセル（表計算ソフト）などで管理することももちろん可能である。自分に合った方法でやってみればよいだろう。

具体的な記載の仕方

この財産増減一括表を作成するにあたっては、あまり細かいことにこだわらずにだいたいの残高が把握できればよいと考えるべきである。企業会計のように、利益額を確定させて株主に対する配当額を決めるような現実のお金の動きには結びつかないからだ。大まかに算出できればよい。簡略化しておかないと、仕事で忙しくなったりすると続かなくなる。「だいたいこれくらいのところか」という具合で十分なのである。

１　現金および預貯金

企業会計では、この「現金および預貯金」は、各通帳などの預金を合計して算出するが、財産増減一括表ではまとめる必要はなく、たとえば三菱ＵＦＪ銀行、尼崎《あまがさき》信用金庫などの金融機関ごとの基準日現在の預金額を普通預金、定期預金別に記載するだけでよい。むしろまとめて書いてはいけない。

９月末日に各銀行に行って、ＡＴＭで残高照会した額をそのまま記載すればよい。銀行口座によって、生活口座にしているものや、小遣いの口座として使っているもの、カード決済に使用しているものなどのだいたいの使用目的が決まっているのでそのまま記載した方が、おのおのの口座の増減額から現金の動きを把握しやすくなる。そのためあえて合算しない方がよいのである。私の場合は、給与振込口座と生活口座を同一にして、その通帳を見れば大略の収支が把握できるようにしている。

2　株式、投資信託など

上場株式を持っている場合は、証券会社から四半期ごとに届く報告書に基づいて株式ごとに基準日の残高額を転記するだけでよい。パソコンで報告書の内容を確認できるのであれば、その額を記載する。上場していない株式の評価方法はいくつかあるが、取得価格をとりあえず残高にしておく。国債を保有している人は基準日の時価を、投資信託を保有している人は、基準日の基準価格に保有口数を掛けたものになる。おのおのの合計額は証券会社の報告書の中にすでに記載されているのでこれらを転記するだけで足りる。

3　保険

保険への加入スタンスなどの対応策は、次章の固定費の見直しの部分で詳しく取り上げるが、ここでは基準日時点の評価についてだけ述べる。保険の場合には解約した時に生じる払戻金の金額が現在の保険の資産価格なので、その金額を記載する。保障に充てられた保険料（いわゆる掛け捨て部分）は、保障の期間が経過すれば資産的な価値はなくなる。掛け捨ての保険料部分は、資産の項目の現金の金額を減らしても、負債を減らすことにはつながらない。解約払戻金の額は大まかな額が見積書などで提示されていることもある。分からなければ、少し面倒だが保険会社に問い合わせて解約払戻金額を確認すればいいだろう。

4　住宅・土地

一戸建てやマンションなどの不動産は、現在時点の時価の価格を記載する。概《おおむ》ねの金額を知るには、同様な立地で同様な広さ、築年数の近い販売価格から推定して一応金額を決めることで足りる。実際には不動産会社の販売用のチラシやインターネットの関連サイトの相場などから類推して記載する。マンションについてはネットで概算の価格が表示されているサイトもある。ピタッとはまる物件がなくても厳密に計算する必要はなく、似た物件から類推して算出しておけばよいだろう。不動産や自家用車などの実物資産は家計において時間の経過とともに価値が変動する代表例である。

このように取引状況から類推する方法のほかに、企業会計の減価償却の考え方を取り入れて、購入価格から毎年一定の価値の劣化が生じるとして現在価格を割り出すという方法もある。

たとえば３０００万円の新築マンションを購入したケースでは、購入価格が30年の期間で減価償却されるとして、購入価格３０００万÷30年＝１００万円が、毎年価値が下がるものとして記載する。半年ごとに50万円を減額することになる。

30年以上経過したマンションの価値はゼロになるという前提である。厳密に言うと、マンションにも土地の部分は建物の持ち分に応じた所有権があるが、価格的には建物部分の割合が大きいので、土地部分は建物の価格に含まれるものとして計算する。またマンションは30年を超えても売却する価値があるかもしれないが、リフォームに要する費用も高額になり、実際には子どもなどが相続したのちに売却に至るケースが多いので、割り切って30年でゼロと考えればよいだろう。

たとえば10年経過した価格の下落分は、１００万円×10年＝１０００万円なので、現在の残高評価は、３０００万円－１０００万円＝２０００万円として記載する。

中古マンションを購入した場合は、購入価格を「30年－購入時までの築経過年数」で割った金額が1年ごとに下落する金額として計算する。この場合も築後30年以上経《た》ったマンションの価格は０円にする。

新築一戸建てを購入した場合は、土地の価格と住宅の価格を分けて、土地の価格は下がらないとして計算して、建物部分の価格は購入価格が20年で割った部分が、毎年の下落する金額とする。20年以上経った建物は0円の評価となる前提である。建物の計算方法はマンションの場合と同じで、中古の一戸建てを購入した時も、マンションの30年ではなく20年の基準になるが、計算方法は同じである。

賃貸住宅に入居している場合は、保有している自己財産はないため、財産表には記載不要である。

5　自家用車

自家用車についても、住宅と同様、中古車販売店のチラシや中古車販売に関する雑誌などから同じグレードの年式の近い車を参考に販売価格を推定する。それを時価として記載すればよい。この自家用車も減価償却の考え方を取り入れることもできる。

この場合は、新車の購入価格を減価償却期間6年と割り切って現在の残高を算出する。計算の仕方はマンションの場合と同じで、償却期間が30年ではなくて6年という違いがあるだけだ。中古車を購入した場合も中古マンションと同様に計算する。

6　年金資産など

定年などで受け取ることになった企業年金や自分で掛け金を払った個人年金の積立金額を資産として記載する。実際には定年後になって積立金から毎年一定額の年金が支払われるので、積立金から受け取った毎年の年金額を控除して資産欄に書き入れる。まだ退職金を受け取っていなくても、今退職したら確実に受領できる金額があれば、この欄に記載しておいてもよい。

このように資産を整理してみると、万が一の時にすぐに現金化できるだけの預金も確保しておくべきだといった判断もできるようになる。企業会計で言えば、流動性を確保しておくべきだという言い方になる。

負債を記載

一般の家計財産で、実際に借金を抱えているとすれば、住宅ローンか自動車ローン、あとはカードローンくらいであろう。これらの借入の残高を負債の項目に記載する。

たとえば住宅ローンの返済予定表には、借り入れた元金の返済額、利息の支払額に分かれて記載されている。元本の返済部分に充てられる支払いは負債の残高を減少させるが、利息に充てられる部分は財産増減一括表の負債には何の影響も与えない。基本的には金融機関から借りた借財の利息は、手数料と言ってもよいのである。保険の残高額を算出する時に掛け捨ての保険料が資産に算入されないのと会計上は同じである。

自動車ローンやカードローンにおいても、実際の返済額は、元本の返済部分なのか、利息額に該当するのかどちらかである。家計簿においては、この両者の区分はなく、「住宅ローン返済額」として現金支出の項目に合わせて記載されるだけである。

78頁では、バブル期に購入した住宅の損切りのために親族からお金を借りた人（G氏）の例を紹介しているが、親や親族からの借金であっても返す必要があるものは負債の残高として記載しておく必要がある。

またカードローンやその他で一定額以上の借財がある場合は、「未払い金」として負債の項目に残高を記載する。ただ、クレジットカードでの未払い金額が数万円程度であれば記載しなくてもよいだろう。家計の状況を大略で把握することがポイントなので多少の誤差は無視してもよい。

正味財産を算出

資産と負債のおのおのの残高が記載できれば、資産の各項目の残高を合算すると同時に、

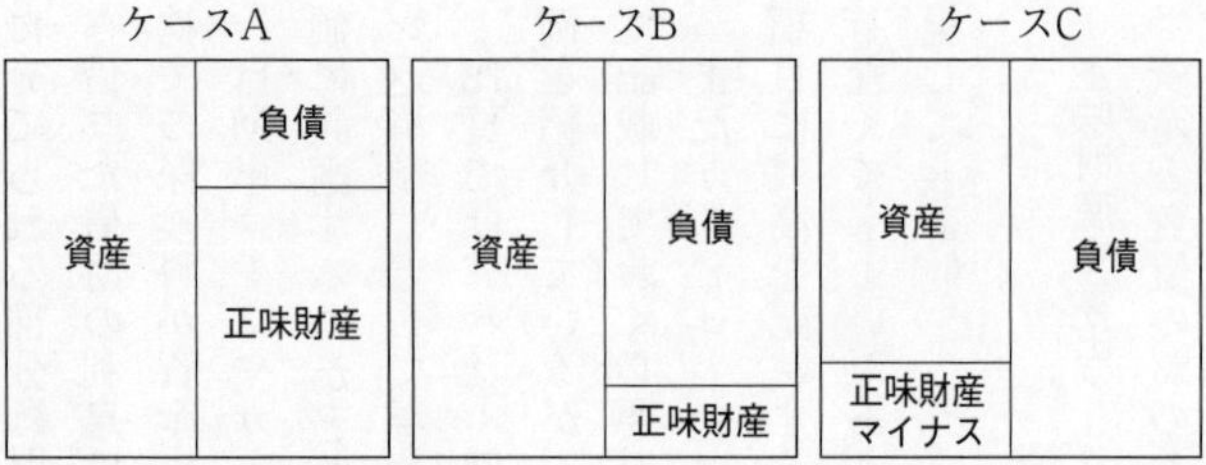

図表３　正味財産のパターン

負債の各項目の残高も合算する。そして「資産の合計額」から「負債の合計額」を引いた額が、財産増減一括表を作成した基準日時点の家計の正味財産である。「資産の合計額」を分母に、「負債の合計額」を分子にして割合を見ると、家計の健全度合いを測ることができる。大まかに言えば3パターンぐらいになる（図表3）。

ケースAは負債の割合が低いので家計に余裕がある。ケースBは負債の割合が高いのでそれほど余裕はない。ケースCは資産よりも負債が上回っている。この場合、企業会計では債務超過状態と言う。資産を全部現金化しても現在の借財を返済しきれない状態を示している。ただ毎月の給与があって予定通り借財の返済が行われていれば、それほど深刻になる必要はない。住宅ローンを組んだ当初はこのように債務超過になった家計は少なくないだろう。企業においても同様で、お金が回っていれば債務超過になっても即時に倒産するわけではない。お金の流れ（キャッシュフロー）が滞るかどうかがポイントである。会社員の場合は、一定額の給与が毎月入ってくることが支えとなっているのである。

このように常に家計全体を把握して、定期的にチェックすることが重要である。作成したりしなかったりするのであれば、家計の全体像や概略の収支が把握できなくなる。

増減額の算出からが本番

家計における資産、負債、正味財産を算出する方法を述べてきた。企業会計におけるBS（貸借対照表）ベースのことがこれで完成した。家計全体を把握するのは、実はこれからが本番である。それぞれの費目の半年前との増減額を記載する。まずは、図表2（45頁）の各項目すべての右端に＋か▲（マイナス）の表示を入れてすべての費目の増減額を記載する。たとえば、今年の上半期の資産の合計額と同じ年度の下半期の資産の合計額の差額（増減）を算出してみる。機械的に増減を書けばよい。

これは半年前に比べて資産がどれだけ増えている（減っている）かを示している。正味財産の増減額を見れば家計簿を作成しないでも半年間の家計収支はおおよそ確認できる。各費目の増減額を見ていると、「最近は浪費がひどくなっているかも」「将来のためにはもう少し貯蓄することを考えなければ」などと家計改善の動機になる。また、今の生活を維持して一定額を貯蓄するためにはいくら稼げばよいかがだいたい分かってくる。そしてどうしても具体的な細部のお金の収支を把握しなければならないと判断した時には、短期間に限って1か月ごとに家計簿をつけて半年間の収支を明らかにするというやり方もある。

「現預金」「現金以外の資産（株式、投資信託など）」「負債（借金）」などの各項目がどれだけ増減したかが、財産増減一括表を作成すれば一目で把握できる。

また個別の費目、たとえば、給与振込などの生活口座であるD銀行の普通預金残高の半年前との増減を見ると、概ねの生活費における収支が見えてくる。また半年前の株式や投資信託のおのおのの銘柄の価格の増減を見れば、この半年間の投資における収支額を一覧できる。負債について言えば、住宅ローンや自動車ローンがある時には、半年前の残高とを比較すれば借金の実際の減少額を確認することができる。

同時に、資産の各費目の増減、負債の各費目の増減を見れば、大略の半年間のお金の出入りも想像がつくようになる。先述のように、これは1回作成するだけでは分からないが、始めて2年（4回書き込む）ほど経てば感覚でつかめるようになる。繰り返しになるが、定期的にかつ同じ視点から見ることがポイントだ。このため半年ごとの基準日は、3月末日と9月末日か、6月末日と12月末日にしておくべきだろう。証券会社の資産残高の報告書は3か月ごとに作成されるので、この区切りであれば手間をかけずに残高を転記するだけで記載できることは先述した通りである。

資産、負債、正味財産の合計額を眺めれば家計全体を把握することができる。またリスク性資産と非リスク性資産の割合や、住宅ローンを抱えている場合には全体の資産における借財の割合なども分かる。会計や税務の知識は企業のためだけではなく、個人の人生設計や家計管理にも大いに役立つのである。そして、この財産増減一括表の作成を通して、自らのお金に対して主体性を持つことが大切である。

源泉徴収票を活用

会社員のお金に対する感度を見極める一つの指標は、12月に会社から配布される「給与所得の源泉徴収票」に対してどういうスタンスをとっているかだろう。職場で配布された源泉徴収票を一顧だにしない人もいれば、１年間のお金の出入りを確認する重要な資料として活用する人もいる。

会社や個人が社員に給与を支払ったり、税理士、弁護士などに報酬を支払う場合には、その都度支払金額に応じた所得税および復興特別所得税を差し引くことになっている。

このように源泉徴収制度と、給与支払者（会社など）が行う年末調整によって、社員は税金の計算も支払いも原則として自ら行う必要がない。社員は毎月の給与から少額ずつ所得税を納めることができて確定申告をする必要がない人が多いのである。国にとっては「安定的な税収を得る」「確実に所得税を徴収する」という意味で源泉徴収は大きなメリットがある。

財務省の「主要国の給与に係る源泉徴収制度の概要」の資料を見ると、すべての国が源泉徴収も年末調整も行っているのではない。米国では、年末調整はなく、源泉徴収を受けた者も確定申告をする必要がある。アカデミー賞候補にノミネートされた映画「ショーシャンクの空に」(1994年公開)では興味あるシーンが見られる。冤罪《えんざい》によって投獄された有能な銀行員が、確定申告の的確なアドバイスができると分かると、刑務所の刑務官たちは列をなして彼に申告の相談にやってきたのだ。

現役の会社員であれば、毎年会社から受け取る「給与所得の源泉徴収票」には1年間の収入に対する必要十分な情報が入っている。年収額、所得税額、社会保険料などの項目を年度ごとに転記していけば、財産増減一括表の補足にもなる。私は増減一括表を記載しているノートの初めのページに、各年の源泉徴収票の項目(年収額、所得税額、社会保険料など)を1行ずつ記載していた(図表4)。

こうすると毎年の収入の増減や税金、社会保険料を一覧で確認できるので全体感がさらに生まれる。消費税が上がる時にはマスコミも含めて大騒ぎになるが、その一方で、社会保険料がいかに静かに増加しているかも分かってくる。

本当の意味での手取りの現金収入額も簡単に計算できる。

たとえば給与所得の源泉徴収票で、1年間の給与収入全額と税・社会保険料を除いた手取り額で見れば、名目の収入額と手取り額の違いも分かる。会社員の中には、住宅の購入額は年収の5倍以内という話を聞いても、名目の支給額なのか、手取りの金額なのかを区別せずに考える人もいる。一般には手取り額は、支給額の8割程度になるので大きく違ってくる。なお、住民税については各市町村から配布される書類からも確認できる。

年	役職	年収額	所得税	社会保険料	住民税	手取り額
1988年	主任	730万円	48万円	36万円	58万円	588万円
1989年	〃	780万円	51万円	38万円	62万円	629万円
1990年	〃	819万円	54万円	42万円	65万円	658万円
（以降同様に継続記載する）						
～						
2014年						
2015年						
2016年						
2017年						
2018年						
2019年						

図表4　源泉徴収票の活用例　源泉徴収票から転載して作成（数値は一部改変した。住民税は、給与明細の月額の住民税を12倍して算出）。この表で年収額、所得税額、社会保険料、手取り額の推移が一覧できる。一番右の手取り額が本当のキャッシュ額であり、財産増減一括表に入る原資である。

大手不動産販売会社で長年営業を担当していた人に聞くと、初めて一戸建てやマンションを買う時には、今まで扱ったことのない金額が購入額になるので、自身の給与収入との比較について熟考せずに決める人が少なくないという。やはり財産増減一括表で家計全般を把握して、「給与所得の源泉徴収票」で現在の手取り収入（年収）についても押さえておくことは必須である。この手取り額は、増減一括表に投じる毎年の収入額になる。この額と増減一括表の全体の増減額を見れば、1年間の概算の支出額も容易に算出できるのである。先ほどのA4のノートの最初のページに項目を1行ずつ書いていけば、1行空けて記載しても15行以上はあるので15年間の毎年の収支状況が一覧できる。

終活にも役に立つ

10年以上にわたり放置された預金を社会事業に生かす「休眠預金制度」が2019年1月から始まった。最後の取引から10年以上経って取引のない預金等（休眠預金等）は、民間の公益活動に活用される。

この滞留する休眠預金は毎年700億円にも上る。一方、郵政民営化前の一部の郵便貯金は約20年経ると、別のルールで払い戻し自体できなくなるため、ここでも注意が必要だ。

金融庁のホームページでは、「通帳やキャッシュカードの所在、金融機関にお届けの住所やメールアドレスに変更がないか、今一度ご確認下さい」とある。休眠預金等となった後も、引き続き取引のあった金融機関で預金は引き出すことは可能ではある。しかしそもそもその金融機関に預金があるかどうかを自分で把握していなければならない。

財産増減一括表では、各金融機関の預金残高は金融機関名を入れて記載するので、どの金融機関にいくら残高があるのかが一目で確認できる。この効果は大きい。

自分の親を看取《みと》った経験のある人は分かるだろうが、亡くなる前に親の全財産を把握しておくことは簡単ではない。親や配偶者がどういった資産を持ち、どこの金融機関と取引しているのか知らない人も多いだろう。そういう状況で親や配偶者が亡くなると困る人も少なくないはずだ。

また80代にもなれば、認知症を発症して、自分自身でも財産の管理が困難になることもある。ましてや相続人である配偶者や子どもたちには分からない。こうなると相続が生じた時に被相続人の財産を把握するのが困難になりかねない。

インターネット銀行の預金口座、ネット証券の証券口座、電子マネー、暗号資産（仮想通貨）などの相続が新たな問題として浮上しているそうだ。

銀行員に聞いてみると、郵送による通知がないため相続人がデジタル資産の存在を知らないという問題が生じていると話す。証券会社の社員も、１００歳を越えた人の口座を見て「もう亡くなっているだろうな」と推測することもあるそうだ。またネットでの金融取引を知っていても、使用するパスワードなどが分からず、相続人がアクセスできないこともあるという。

相続する立場だけではなく、本人が急に亡くなった場合も同様である。あるネット証券の利用者は、「月末時点の残高」（取引残高報告書）を確認する方法は、自身で郵送サービスか、電子交付サービスかのいずれかを選択するが、自分は電子交付を選択している。そのため妻や子どもたちは自分のネット証券の財産を知ることはできないだろうという。

最近は高齢者でも、ネット銀行やネット証券を利用している人は、私の身の周りにも少なくない。また取材でも、財産のことを夫婦や家族で常日頃から情報開示している家庭はやはり少数である。ここでも財産増減一括表を作成しておく意味合いは大きい。金融機関の担当者も、相続財産があると分かれば、相続人はほぼ100%請求すると言っている。

親とのコミュニケーションが成立するのであれば、親の財産についても増減一括表を作成することをお勧めしたい。先述したように、各金融機関や証券会社に預けている預貯金や株式、投資信託の残高を記載すれば足りるので手間はかからない。また借財などの負債も把握ができる。

私が実母を介護した時は、初めは本人が長い間築いた財産なので好きに使えばよいと判断していた。80代半ばになってベッドに伏せることが多くなり、認知症の症状が表れてきてからは本人の同意を得て銀行通帳を預かり、簡略化した財産増減一括表を作成した。これはお金を有効に使う点からも役立った。

それ以前は一人住まいをしていると、電話で勧誘を受けて、あまり必要と思えない物品を買ったり、いつのまにか高価な椅子《いす》が部屋にあったり、知らないうちに浴室がリフォームされていたりということもあった。母の家計財産がブラックボックスになっている時は対応策が打てなかったというのが実感だ。特に認知症などの症状が表れ始めると、家計財産を本人ですら把握できなくなっていた。そういう意味でも財産増減一括表を作成しておくことは有効だ。

またこの財産増減一括表を含めた各種資料は一か所にまとめてカバンなどに入れておくとよい。私の場合は、銀行の預金通帳や証券会社からの最新の残高表、マンションの登記簿、保険証券などを専用の一つのカバンの中に入れている。高価な貴金属やゴルフ会員権などの保管場所も書いておくという手もある。こうしておけば、万が一自分に何かあった時も家族にも分かる。

家族で語り合う

ある日の昼下がりに、主婦が2階で居眠りをしている間に泥棒が入って、冷蔵庫の奥に隠していたへそくり40万円が盗まれる。それを聞いた夫は、自分が一生懸命働いている時に「お前は昼寝か。いい身分だな」と言い放ち、「(へそくりは) 結局、俺が稼いだ金だろ。稼ぐ身にもなってみろってんだ」と心ない言葉を浴びせかける。

妻はその言葉を聞いて、不満を爆発させて家出をしてしまう。家事をすべて担ってきた彼女がいなくなった結果、親子3代の家庭は大混乱に陥り、家族のドタバタ劇が展開する。

これは2018年に公開された山田洋次《やまだようじ》監督の映画「妻よ薔薇《ばら》のように　家族はつらいよⅢ」の前半部分である。

家族や仕事について考えさせられるとともに、心温まる映画だった。シニアのお金に関しての取材を続けていたので、その意味からも興味深かった。

「へそくり」というのは、懐かしい言葉だが、辞書では、「倹約や内職をして内緒で貯めたお金」とある。明治安田生命の家計に関するアンケート（2018年）によると、へそくり額の平均は約89万円で、思ったよりも高額だ。

使用目的としては、「いざというときのため」（72・4％）がトップ。次いで、夫は「趣味のため」（52・1％）、妻は「将来のため」（31・4％）が多数という結果だ。妻は家計をやりくりしながら、いざという時や将来のために準備していることがうかがえる。

この映画の一つのテーマは、主婦の仕事をどのように考えるかであろう。家事（炊事、掃除、洗濯など）や育児、買い物、地域での付き合い、場合によっては、介護もあって本当に大変だ。最近のテレビドラマで、専業主婦の家事労働を年収換算すると約300万円という話があったが、単純に金額に換算するのには違和感がある。

いずれにしても妻や子どもたちを食わせてやっているという夫の姿勢は、映画を見ている人の多くが到底納得できなかっただろう。ただ、団塊の世代あたりだと、現役の時は「食わせてやっている」と思っていた人も少なくなさそうだ。そういう人も定年後に主婦の仕事の大変さに気づく人は少なくない。私もその一人である。

会社で働くことは大切だが、家事や育児の多くを妻に委《ゆだ》ねているから思う存分働くことができる。映画の中で「役割分担なんだ」という言葉が出た時に、まさにその通りだとうなずいた。今の若い人たちは共働きも多いので、家事を分担することもかつてよりも当たり前になってきているだろう。

映画の後半では、親族も巻き込んでの家族会議の場面が長く続く。育ってきた環境が違うので、家族でも異なる意見を持つことはやむを得ない。そこで一番大事なのは、各人が自分の考えをオープンに語り合える場があることだ。この映画のもう一つのテーマであるように私には思えたのである。いくら多額の老後資金があったとしても、家族や夫婦と良好なコミュニケーションがあるケースとそうでないケースでは、そのお金の持つ価値は全然違ったものになるだろう。

何歳まで働きたいのか、リタイア後はどこに住むのかなど、夫婦や家族が望むライフスタイルによって、定年後に必要な生活費も大きく変わってくる。現役の時から「リタイア後はどんな生活がしたいのか」について家族で互いに話し合いをしておくことは大切だ。

共働きの家計管理

家計の管理については、今まで述べてきたように、どう管理するかの方法論の課題もあるが、誰が管理するかもポイントである。

明治安田生命の「いい夫婦の日」に関するアンケート調査（２０１８年）によると、家計の主導権を夫婦のどちらが持っているかについては、夫34・0％、妻47・1％、どちらとも言えない19・0％という結果になっている。

私が主宰する研究会で何回か、夫婦の間でどちらが家計の財布を握っているかを話し合ってみると、思った以上に盛り上がった。妻が主導権を握っている割合がやや多く、アンケート調査ともほぼ一致していた。ただ夫婦で話し合って決めているというよりも結婚当初からそうだという人が多い。

研究会での具体的な発言では、「我が家とは違って夫が管理している家が意外と多いので驚きだわ」「妻がお金の管理が苦手なので、やむなく自分がやっている」「妻に全部任せているので家庭内のお金のことは全く分からない」「妻から小遣いをもらうのでは窮屈だ。自分で管理している人が羨《うらや》ましい」などといろいろな声が飛び交う。夫婦のうちお金の管理が得意な方がやっているとの発言もあった。

それらの話の中で、お金について夫婦があまり話し合っていないという事例もいくつか見られた。結婚当初の夫婦の金銭感覚はそれぞれ違っていて当たり前だが、お金のことを普段からよく話し合っておくことは大切だ。家族で今後資産を築いていくのなら、家計の内容を共有して将来に備えておくことがポイントになる。たとえ多少のへそくりくらいはあっても、家計管理は夫婦2人で行っていくことだ。夫婦で共有するためのツールとして財産増減一括表を活用するのもいいだろう。

最近は共働きが増えているので家計管理も変わらざるを得ない。雇用者の共働き世帯は年々増加し、1997年（平成9年）以降は共働き世帯数が男性雇用者と無業の妻から成る世帯数を上回っている（「男女共同参画白書」平成30年版）。

共働きの家庭が増えると夫婦のどちらか一方が管理する状況から、夫婦別の管理でそれぞれの財布で行うことが増えてくる。

私より上の世代では共働き世帯は少ないが、公務員や教員同士の夫婦は比較的多い。共働きでは、夫婦それぞれの口座に給与が振り込まれ、そこから分担して家計の管理を行っていくことになる。話を聞いていると、収入だけでなく支出も2つになっていて、両者が連携していない例もある。

たとえば50代半ばを越えた教員同士の夫婦は、収入は各自の口座に入って、支出については役割分担をしている。日常の買い物や公共料金などの生活費は妻の口座から支出して、住宅の購入費や子どもの教育費などのまとまった支出は夫の口座からである。住宅の所有権は夫が１００％持ち、高額の住宅ローンの返済はすべて夫の口座から支出している。そして互いの持つ財産額についてはオープンにはしていないそうだ。収入も２つ、支出も２つである。２人分の収入があるので、家計の管理に無頓着になっている感じだった。

また２人とも会社に勤める20代の若い夫婦の場合は、１か月ごとに支出したレシートを出し合って、相互に精算するのだという。これだと支出は１つになっているので、それぞれで家計を管理しやすいと言えそうだ。

この家庭の場合、家計簿的な収支の精算はしているが、住宅や自家用車などのまとまった支出はこれからなので、その際には新たなルールを決める必要もありそうだ。共働きの夫婦が情報を分かち合って家計を管理する際にも財産増減一括表は役立つツールになり得るだろう。

第3章　固定費を見直す
――使わなければ金は貯まる

蓄財の極意

伊丹十三《いたみじゅうぞう》監督の映画「マルサの女」（1987年公開）は、脱税を摘発する国税局査察部（通称マルサ）と巨額脱税犯との攻防を描いている。お金に絡む人間模様がよく表れていて、何度観たか分からないほどだ。

その中の国税の査察官（津川雅彦《つがわまさひこ》）と容疑者（山崎努《やまざきつとむ》）との会話で、査察官から、どうすれば金がたまるんだと聞かれて、容疑者は「せっかくだから教えてあげるよ。金貯めようと思ったらね、花村《はなむら》さん。使わないことだよ。あんたは葬式がありゃ1万、結婚式がありゃ2万と出すでしょう。そんなもの出してたら金は残らない。100万あったって使えば残らない。10万しかなくても使わなければ、まるまる10万残るんだからねえ」「あんた、今、ポタポタ落ちてくる水の下にコップを置いて、水、溜《た》めてるとするわね。あんた、喉が渇いたからってまだ半分しか溜まってないのに飲んじゃうだろ？　これ、最低だね。なみなみいっぱいになるのを待って……それでも飲んじゃだめだよ。いっぱいになって……あふれて……垂れてくるやつ……これを舐《な》めて。我慢するの。そうすりゃコップいっぱいの水は……」と答える。

使わなければ金は貯まる、使えば金は貯まらない。たしかに道理ではある。お金の神様と言われた邱永漢氏も、著書『お金の原則』の中で、やはり「お金は使わなければ貯まる」と同じことを言っている。

しかしこれがなかなか難しい。天引きの貯蓄が効果的なのは「使わせない」という点だろう。逆に月例給与だけでは生活ができず、ボーナスで穴埋めしているようではなかなか貯まらない。第2章で述べた財産増減一括表を作成してみると、安定的に資産が増えないことが分かるだろう。またその支出額は収入が増えると膨らむ傾向がある。固定的な生活費があるというよりも、収入に応じて生活費の支出も増加する傾向があるのだ。ここでも平均的な生活費を前提に不安を抱くことに意味がないことが分かる。

人は収入額だけを意識しがちであるが、実際には、収入ではなく、「収入－支出」が資産を生み出す。むしろ支出額やお金の使い方が、貯蓄額を増やして充実した人生を過ごすポイントであることを忘れてはいけない。

もう少し付け加えると、自分自身を制御できることや、社会性があって勤勉で誰に対しても謙虚であること、家族関係のよいことなどがお金の有効な使い方につながっている。多く稼ぐ人が必ずしも豊かな経済生活を送っているわけではない。金融機関などに勤めていて顧客の財産相談に携わっている人はこのことが分かっているだろう。なお先ほどの邱永漢氏は、「お金は使わなければ貯まる」の後に、「お金は使って初めてお金になる」と言って、お金の貯め方と使い方の両方を論じているのが興味あるところだ。お金を上手に使う人の周りには人が集まり、逆にお金が入ってくるのです、と言っている。お金の使い方は第６章で取り上げる。

固定費を見直す

ほぼすべての会社員は定年後になると、大幅に収入が減少する。私もそうだったが、寿命が延びたことも意識して必要以上に節約する姿勢になりがちだ。しかし外食や旅行、趣味などの日々を楽しむ支出を抑制することばかりを考えていると人生が味気なくなる。「家族で外食する回数を減らそう」「友人との付き合いを見直さなくちゃ」「趣味の支出を控えよう」などと考えるのは、本末転倒のような気がするのである。残りの人生が短くなっている時期だからこそ楽しむ、という姿勢を持つべきではないだろうか。

住宅ローンやマンションの管理費、修繕積立金（賃貸であれば家賃）、生命保険や損害保険の保険料、自家用車に関する経費、スポーツジムなどの各種会員制サービスの年会費、通信関連経費などは、ある程度のまとまった金額の支出が固定的に決まっている。

これらは簡単に節約できないものもあるが、契約を見直せばそれほど我慢や苦痛を伴わずに減額できるものもある。また一度見直せば、その後も効果が続いて旅行や趣味を削るようなストレスも感じない。逆に固定費が多くなると、会社を辞めたくなっても働かなければならない状態になってしまう。

実際の家計の区分で言うと、日々の食費や旅行、交際費、趣味に支出する費用のように自分の財布から出ていくお金と、預金通帳から毎月定期的に引き落とされるお金がある。一応、前者を家計における変動費、後者を固定費と呼ぶことができる。

家計簿的な発想からは、前者の変動費をどのように節約するかの観点が目立つが、比較的苦しまずに生活の質を落とさないという立場からすれば、まずは後者から見直すというのがポイントだろう。特に交際費などの人との関わりに投じるお金は、長い目で見れば無駄にならないものだと個人的には思っている。

会社経営でも固定費の削減から進める。企業のリストラで行われる人員削減や、支店・営業所の統廃合も、固定費部分を見直すという発想だ。一度家計の固定費を全部書き出してみると結構あるはずだ。

人によって固定費の支出内容は異なるが、社会保険料（会社員は給与天引き）、住宅関連（家賃、住宅ローン返済額、マンションの管理費・修繕積立費、火災保険など）、自家用車関連（駐車場代、車検費用、自動車保険）、各種会費（スポーツクラブ、雑誌の定期購入費、有料放送視聴料など）、保険関連経費（生命保険、損害保険、医療保険など）、通信関連経費（携帯電話やネット利用料など）。ここでも全体を把握することがポイントなので、各項目で毎月いくらぐらい支出しているのか一覧表にして、財産増減一括表のノートに書き出してみるとよい。

実際に書いて並べてみると、削減する優先順位のイメージも湧きやすい。私も60歳で定年退職した後は、しばらく定額の収入はなかったので、スポーツクラブや雑誌購読などの諸々の会費を解約することによって一定の固定費を削減することができた。

固定費の中で支出額の大きなものは、源泉徴収票からも分かるように、健康保険や厚生年金などの社会保険料だろう。社会保険制度は強制加入なので保険料自体は削減できないが、この社会保険料によって保障されている内容を家計見直しに使えることは後述する。

本章では、第２章で紹介した財産増減一括表を参考にしながら、家計を健全に運用するためのポイント、主に家計における固定費の問題について考えてみたい。

バブル崩壊に遭遇

固定費の見直しという点で、まず一番大きいのは住宅関連の支出だということに異論は出ないだろう。他の支出項目に比べて圧倒的に金額が大きい。家賃はもちろんだが、3000万、5000万円の住宅購入となれば、ごく一部の人を除けば一生で一回だけの買い物になる。また一戸建てやマンションを維持する経費も大きい。

まずはこの住宅関連の支出について考えてみる。

かつては若い時から一戸建てを購入して、ひたすら仕事に没頭してローンを返済していけば、未来は開けた時代が続いた。住宅は上がり続け、給与も上昇してローンの返済も楽になり、インフレによってそのローン（借金）の価値も小さくなった。今ほど寿命も長くなかったので、仕事に頑張れば老後の不安はそれほど感じなかった。

そのため株式や投資信託などの投資商品に見向きもせずに、郵便貯金や銀行預金に預けておけば十分だった。そこから生まれる利息も比較的利率が高かったので一定の収益を生み出していた。当時は株式の信用取引などに手を出すのはサラリーマンとしてはもってのほかという目で見られることもあったので、周囲に言わずに隠れてやっていた人もいた。

ところがバブルがはじけた1990年代に入ると、地価は下降を続けてピーク時の半額以下になることも珍しくなかった。土地は必ず上がるという土地神話を信じて、高値で住宅を取得した人たちの家計に深刻な影響を与えた。

平成初めのバブル期には、「すぐに住宅を購入しなければ乗り遅れる」ということで、結果的に高値で住宅を購入した人は私と同世代以上では少なくない。比較的給与水準が高い会社に勤めていても、多額の住宅ローンを抱えると家計のことをいろいろ案じなければならなくなる。私が話を聞いたバブル期当時30代半ばの3人の会社員は、それぞれ異なる対応策をとった。

E氏は、バブル崩壊直後の最高値で通勤に少し時間がかかる一戸建てを購入した。そして現在よりもはるかに高い金利の住宅ローン返済を続けた。ローンの借り換えも一部行い、家計を切り詰めながら会社員生活を送った。60歳の定年で受け取った退職金を全額返済に充ててもまだローンが残った。定年後の現在も働きながら返済中である。彼は会社生活には満足しているが、唯一悔いがあるとすれば、慌てて住宅を高値づかみしてしまったことだという。当時は不動産価格は上がり続けるものだと信じていたそうだ。

F氏は、関西の駅に近い高額のマンションを購入したが、まもなく東京に転勤辞令が出て社宅住まいになった。そして購入したマンションを他人に貸すことができた。彼は関西に戻って自宅マンションに住めば家計が苦しくなることが分かっていたので、東京にしかない仕事を続けることを会社に希望し続けた。その結果、それほど困らずになんとか定年の少し前にローンの返済を終えた。「自分が購入した家に住めなかったのでなんとかなった」と冗談ともつかずに話したことが印象に残っている。

最後のG氏は関東に一戸建てを購入したが、毎年送られてくる返済表を見て、毎月毎月返済しても元本がほとんど減らないことに気づいた。そこで賃貸住宅に移ると、会社から住宅手当がもらえる見通しがついたので損切りを決意。購入した金額よりもかなり低い額で自宅を売却した。もちろんローンを一括返済するだけの現金はなかったので、親から相当額を無利子で借りて清算したそうだ。その後、彼の給与は比較的順調に上がっていったので、結果的には親への借金の返済も終了した。当時は金利が高かったので、親から無利子で借りたことが大きかったという。彼は50代後半になって子どもたちが独立してから中古のマンションを購入した。

3人とも家計についてどう対応するかを家族とも話し合いながら検討したそうだ。

先述したように、当時私も一戸建ての購入を勧められていた。やはりこのタイミングを逃すともう買えなくなると一瞬思ったが、高額のローンを背負うと会社を辞めたくても辞めることができなくなるという気持ちがあったので触手を伸ばさなかった。お金の自由度だけでなく、人生の自由度も失う気がしたのである。仕事が嫌になっても家のために働かなければならないリスクをおぼろげながら感じていた。しかしあまり深く考えていなかったことは紹介した3人と変わらなかった。

バブルの再来は？

1990年代初頭のバブルの崩壊を経験したからといって、現在において住宅の購入について何も問題がなくなったわけではない。バブル期には「土地神話」と言われ、建物は価値が減耗するが土地はそれがないということで、当時は一戸建てを望む気持ちが比較的強かった。ところが昨今はマンション購入においてもバブルと思える状況がないわけではない。

たとえば、『週刊東洋経済』（2018年9月22日号）の特集「買って良い街 悪い街」では、2018年1月から6月における東京23区の新築マンション平均価格（不動産経済研究所調べ）は、7059万円になっている。

平均が7000万円を超えるとすれば、給与水準の高い大手企業の会社員でも手が出せないレベルになっている。都内での住宅購入は諦めて、ずっと賃貸で住むと決めている夫婦も少なくない。不動産販売会社の営業に買い手のことを聞いてみると、正規社員同士の共働き夫婦でないとなかなか手が出ないという。実際には、親からの援助を受けたり相続財産が入ったケースや、持株会の株式が高騰してまとまった利益を得るなどの現金を手にした人が多いそうだ。

東京都下（23区外）や近隣の神奈川、千葉、埼玉も上昇傾向にあって、首都圏平均でも5962万円に上る。もちろん新築マンションの価格上昇につられて中古物件の相場も上がっていることが指摘されている。

特に東京23区の新築マンションの平均価格は近年高騰しており、2012年比で3割以上も高くなっていることが指摘されている。

この原因はやはり、黒田東彦《くろだはるひこ》日銀総裁のもとで2013年4月に始まった大幅な金融緩和が大きいだろう。長引く低金利政策は金融機関の収益を圧迫するが、企業の借り入れ需要はそれほど強くないので、貸出先を求めて不動産関係の融資に向かっていると思われる。

これが、一般のマンションやタワーマンションなどの高騰を生み出している。マンションは一戸建てに比べて、広さや立地においても多様なので選択肢も豊富にある。そのため他人に貸すことも転売も容易なので比較的投資にも向いている。超が付くような低金利政策がアパート経営や、シェアハウス投資家などへの過剰な融資を生み出している面も小さくない。

低金利で住宅ローンを組むことができるので、それが多額の借り入れを促し、金融機関の借り換え競争を熾烈《しれつ》なものとしている。先述のように正規社員同士の共働きであれば、夫婦それぞれでローンを組むことで借入額を大きくすることもできる。大きな額を貸してくれる

ということは自分を高く評価してもらって嬉《うれ》しい気分になるにしても、実際には、借りることができる金額と返済できる額とは必ずしもイコールではない。たとえば、夫婦のどちらかが仕事を続けられなくなった時には家計が苦しくなることも考慮に入れておかなければならない。

実は私は1987年からバブル絶頂期に至る数年の間に、東京で生命保険会社の財務貸付の仕事をしていた。担当は、総合商社、リース、外国銀行、住宅金融専門会社（住専）などだった。不動産投資の案件も多く貸出額も急激に増えた時期だった。

その後にバブルがはじけて大幅に不動産価格が暴落したのは、需要が大幅に落ち込んだことでもなく、住宅の供給が過剰になったためでもなかった。

その原因は、1990年3月に大蔵省銀行局長から出された「土地関連融資の抑制について」という通達の中で、

①不動産向け融資の伸び率を総貸出の伸び率以下に抑える（総量規制）

②不動産業、建設業、ノンバンク（住宅金融専門会社含む）に対する融資の実態報告を求める（三業種規制）

が発せられたからだ。国会の審議を経る法律ではなく、大蔵省銀行局の通達（行政指導）が不動産の需給を一変させたのである。

もともと、企業や個人も自己資金だけで不動産や住宅を購入することは少ない。低金利で多額の資金を借りることができる時には、高値の不動産を購入することができても、銀行の融資姿勢が厳しくなると、途端に市場から買い手が激減する。そういう状況のなかで不動産は値を下げ続けてバブルが崩壊した。77〜78頁に、多額の住宅ローンを抱えて諸々の対応を行った3人の会社員を紹介したが、貸し手だった住専の社員は、バブル絶頂期に上場すれば持ち株が1億円を超えると期待していたが、会社は倒産・消滅して自らの働く場所も失った状況を目《ま》の当たりにした。彼らの立場の急変ぶりに、同じ会社員として何とも言えない気持ちになったことを覚えている。

大幅な金融緩和による低金利政策の揺り戻しが生じた時には、先ほどの高騰したマンションの価格についてバブル崩壊時のような状況が起こらないとは限らない。この点を含めて家計管理の観点から住居費については十分留意しておくことが必要なのである。

資産価値は同じでも

バブルが崩壊してほぼ30年が経ち、当時のような「土地神話」は消滅したように見える。しかし土地や不動産が家計に与える影響は依然として大きい。

かつての「土地神話」「不動産神話」も、経済的に有利だからという理性的な計算や打算だけで信奉されただけではなく、個人の思い込みやプライドを満たす面もある。

一つは持ち家というステイタスも無視できない。やはり一国一城の主《あるじ》という地位は本人にとって揺るぎない価値を持つことがある。トヨタ自動車の株式を数万株持っていたり、国債を数千万円分持っているのとは異なり、目に見える土地や住宅の所有が、持ち主の自尊心をくすぐる。

また先述（77頁）のE氏は退職金を全額返済に充てても住宅ローンがまだ残り、定年後の現在も返済を続けている。彼の話を聞いていると、たしかに住宅を高値づかみしたことに後悔する発言がある一方で、「家族と一つの家に住み続けることができてよかった」「電車一本で会社に通うことができた」「テニスコートが近かったので趣味のスポーツを堪能できた」などと語り、住宅を購入してよかったことを語っていた。

客観的に見れば、彼が挙げた理由は、賃貸住宅でも実現できることではある。しかし30代半ばの自らの判断によって、その後の人生設計を否定し続けることは、自分をさらに苦しくさせてしまう。そのため自分の中で合理的な判断だったという理屈づけをしていると見えなくもない。

また次章において、不動産投資におけるスルガ銀行問題についても取り上げるが、これらも経済的・合理的な判断だけではなく、土地や住宅に対する所有欲や支配欲、不動産のオー

H氏

資産	負債
マンション 2000万	0円
	正味財産
	2000万
2000万	2000万

I氏

資産	負債
現金 銀行預金 郵便貯金	0円
	正味財産
	2000万
2000万	2000万

J氏

資産	負債
10社株式 10種投信	0円
	正味財産
	2000万
2000万	2000万

図表5　資産価値2000万円の内訳

ナーという優越的な立場も判断を鈍らせる一つの要因になっていると思われる。

戦後に大きな価値の変動があった住宅について、まずは家計における資産の位置づけを明確にしておくことが大切だ。第2章で紹介した財産増減一括表をもとに考えてみたい。

第2章では、お金の収支だけを見る家計簿的発想ではなく、資産の内容も含めた全体的な観点で家計を把握する重要性を強調した。

ここでは、不動産の経済的な意味を客観的に見るために、資産価値2000万円を保有する55歳のサラリーマンの家計（借金などの負債無し）を例に考えてみる。

①　資産価値2000万円のマンションを保有するH氏

②　資産価値2000万円の財産をすべて現金、銀行預金、郵便貯金だけで保有するI氏

③　資産価値2000万円の財産を10社の株式と10種類の投資信託で保有するJ氏

それぞれの家計を財産増減一括表で示すと図表5の通りである。

当然ながら、同じ２０００万円の資産を持つH氏（マンション）、I氏（現金、銀行預金、郵便貯金）、J氏（10社の株式と10種類の投資信託）は経済的には同価値の資産を保有している。ただその際におのおのの資産の持つ性格、およびその得失や経済的価値の違いを把握しておく必要がある。たとえ現在価値は同一であっても、将来は大きく格差が出る可能性がある。

マンションなどの建物は時間が経てば資産価値が下がり、固定資産税などの保有コストもかかる。現金や預貯金は価値が変動する要素は少なく、保有コストもない。株式や投資信託では市場の相場によって日々価値が変動するとともに若干の保有コストもある、などの資産の特徴がある。

またマンションは単価が高いので何棟も保有することは難しいが、現金や預貯金、株式や投資信託では分散して保有することができるなどの違いもある。繰り返すが３つのケースではいずれも経済的な現在価値は変わらない。そういう意味では、どのような財産をどのような割合で持つのかが、家計の資産作りではポイントになる。

ローン返済か、家賃支払いか

よく議論されるのは、住宅は購入した方がよいのか、賃貸の方がよいのかという課題である。ある会計事務所に長く勤めた専門家は、双方の支持者が議論すると、論理的な話し合いというよりも、各自の思い込みに基づく議論が展開されるという。結果として自信を持って主張する住宅購入派が賃貸派を圧倒することが多く、彼から見るとそれはあまり合理的、論理的な帰結ではないという。おそらく自分が住む家を買うことと、不動産に投資することと区分して考えていないことが一因だと思われる。「この物件だと価値は上がる」とか「立地がよければ損はしない」といっても自分がその住宅に住む限りは処分できないのである。たとえばバブル期には、私の周りでも3000万円で購入したマンションが一時5000万円や6000万円になった例は多かった。そこで売却すれば多額の利益を得ることができる。ところが実際に住宅ローンを払いながら住んでいる人は簡単に自宅を売ることはできない。バブル崩壊後、マンションの価格が3000万円から2000万円以下に下落して頭を抱えた人は少なくなかった。多額の住宅ローンを背負って購入しているので、マイホームを買った方が得だと理屈づけたい気持ちは分かるが、冷静に検討した方がよいだろう。また、マンションの資産価値が下がっても、借金の総額や住宅ローンの返済額は減らないのである。マイホーム用の住宅と賃貸で利得を得る住宅は、基本的に別物なのである。

大手の不動産販売会社の担当者によれば、「賃貸であれば、家賃をずっと払い続けても、いつまで経っても住宅を取得できない。一方で住宅を購入すれば、家賃よりも少し多い住宅ローンの返済を続けていけば完済後は自分の資産として残る」といったたぐいの話法が存在するという。かつて私に一戸建てを勧めた営業マンも同様なことを言っていた。

ここでは、先ほど登場した55歳のサラリーマンの10年前の家計資産を例に財産増減一括表に基づいて考えてみよう。マイホームは、預貯金や株式とは別枠のものと考えている人もいるが、家計財産では、資産内容の種類の違いにすぎない。

貯金500万円を持つ45歳のサラリーマンが3000万円のマンションを購入して2500万円の住宅ローンを組む場合（ケースK）と、貯金500万円のすべてを預貯金で保有する場合（ケースL）、500万円を株式と投資信託に半額ずつの250万円を投資運用する場合（ケースM）とで比較してみる。

図示すると図表6の通りである。

ケースKでは、住宅ローンを2500万円組むことによって、資産は500万から3000万円に一気に6倍に膨らむ。住宅を購入しないケースLとケースMでは、資産は500万円のままである。

不動産販売会社の担当者は、住宅ローンの返済額と家賃の支払い額を比較することを主張するが、これはそもそも合理的な比較なのだろうか。

実際には保有する資産の今後の上昇（または下降）見込みや、資産を保有するためのコストなどを勘案しなければならない。不動産販売会社の担当者の話法は、住宅に関する毎月の

ケースK（H氏）

資産	負債
マンション 3000万	負債 2500万
	正味財産 500万
3000万	3000万

ケースL（I氏）

資産	負債
預貯金500万	0円
	正味財産 500万
500万	500万

ケースM（J氏）

資産	負債
株式 投信 500万	0円
	正味財産 500万
500万	500万

図表6　自己資金500万円の3ケース　ケースHは、住宅ローンの借り入れによって、資産が他のケースの6倍になっている。

支出額を単純に比較しているにすぎない。一見合理的であるように思えるが、支出額だけに注目した家計簿的な発想における比較であり、家計全般を見る観点から把握しなければならない。

ケースKで見れば、住宅の３０００万円の価格は相場によって変動する。ケースLでは、基本的には５００万円の価値は動かない。ケースMでは、株式や投資信託の相場によって５００万円の価値は日々変動する。

取得コストや保有コストなどを比較すると各資産に違いがあることが分かる。

ケースKでは、この３０００万円の中古マンションを取得する際には、不動産仲介業者に対して、３％ほどの手数料が必要となる。新築マンションの場合は、仲介手数料は不要であるが、マンション販売会社の利益分が含まれているので購入した瞬間に一定の割合で価値が下がるのが一般である。

これに加えて地方税である不動産取得税や登録免許税、登記にかかる費用や司法書士に支払う手数料もある。住宅ローンを組む際にはローンの保証料や団体信用生命保険の保険料も生じる。また不動産の保有に関しては、毎年の固定資産税やマンションの管理費、修繕積立金の支払いなどの維持・管理のコストがかかる。国土交通省の調査では、積立額が計画に比べて不足するマンションが全体の3分の1に上っているという。住む人が老いるのと同様に、住宅自体も老いるのである。長期間の住宅ローンを払い終える頃には、建物の寿命も終わるくらいに考えておくべきだろう。住宅を購入したからといって、それ以降の住居費がなくなるわけではないのである。

コスト面のメリットとしては、毎年末の住宅ローン残高または住宅の取得対価のうち、いずれか少ない方の金額の1％が10年にわたり所得税の額から控除される住宅ローン減税制度が利用できる。

これに対して、ケースLは預貯金なので基本的には、預金をする際や保有する際のコストはかからない。解約した際のコストも基本的にはない。

ケースMでは、株式や投資信託を購入する際には、若干の手数料を証券会社に支払うことになる。不動産に比べれば多額ではなく、保有コストもそれほどかからない。相場の変動が資産価値に影響を与えることは言うまでもない。もちろんケースL、ケースMでは、賃貸住宅に入居している場合は、その賃料を払い続ける必要が出てくる。

こうして見てくると、自らが支払う賃料水準によるが、住宅購入は、住宅ローンと高い維持コストを勘案すると、他の投資に比べて必ずしも有利にはならないと言えそうだ。バブル崩壊前の土地神話や不動産神話は、他の資産と比べて条件がよかったからこそ信じられたのである。株式や投資信託は、保有コストは大きくないので相場での価格変動がポイントになる。

もう一つの留意すべき点は、ケースKは、住宅ローン（負債）の借り入れによって、資産が他よりも6倍になっている点である。住宅ローンの元本返済と利息分の返済は資産の借り入れから生じている支出額で、生活上の住宅の家賃とは一見似ているものであるが、資産的には全く異なるものである。住宅ローンは言うまでもなく、借金なのである。

ケースKは、他のケースL、ケースMに比べると、資産が6倍になっている分、資産が増減するチャンスもリスクも6倍になっている。つまり、他のケースに比べてハイリスク・ハイリターンの投資をしている自覚が必要である。500万円の自己資金で3000万円の住宅購入をしているのは、先物取引などの投機的な金融取引と形は同じである。そして住宅ローンの金利は、その資産の拡大に対する経費なのである。ここから見ても、月々の住宅の家賃と住宅ローンの支払い額を単純に比較することは正しくない。

中高年までは賃貸策も

先ほどの「賃貸であれば、いつまで経っても住宅を取得できない。住宅を購入すれば、家賃よりも少し多いローンの返済を続けていけば自分の資産として残る」という不動産販売会社の担当者の話法について、話している当事者はどのように考えているのだろうか。現役の営業担当者数人に聞いてみた。

面白いことに、数人すべてが深く考えずにこの話法を使っていることが分かった。そして疑ってもいないので逆に説得力を持っている。ベテラン社員でも「言われてみればそうだが、今までそんなことを考えたこともなかった」と語った。

彼らにこの話法に疑問を抱く顧客はいないのかと尋ねると、顧客は不動産を買おうとしている時点で一定程度前のめりになっていて、資産の比較などは眼中になく、そのような説明をしても冷静に考える人はほとんどいないだろうと言う。たしかに、3000万円、4000万円の物件をその時は勢いで買ってしまったと述懐する人は少なくないのである。

ただ、そうであるからこそ、買い手は経済的な資産の意味合いを考えておくべきだろう。やはりバランスシートの発想で考えることが重要である。先ほどのように、他の金融資産に投資した場合との比較も冷静に考えておかなければならない。不動産を現金で購入できる会社員はほとんどいない。金額が大きいので舞い上がりやすいが、何度も購入できるものではないからこそ慎重に検討すべきである。住宅ローンの金利の支払いと、自分が住む住宅の家賃の支払いとは、やはり異なるものなのである。

もちろん生活上の必要などから住宅を購入する人は多いだろう。また、持ち家の方が社会的な信用度が高くなると言う人もいる。ローンを組んで住居を買うべきか、賃貸住宅で暮らすのがよいかは最終的にはそれぞれの家族の価値観になってくる。もちろんずっと賃貸で過ごす場合も最後まで家賃を払い続ける必要はあるし、リタイアしてから手頃な価格のマンションを購入する金額や、「サ高住」(サービス付き高齢者向け住宅)に入居する入居一時金などを現役の時から貯めておく必要がある。シングルでずっと働いてきた人の場合は、子どもからの物心両面の援助は期待できないので、住まいと生活を賄うために困らない程度の貯蓄額が必要になってくるだろう。

高額の不動産を購入する際には、リスクが大きいので他の資産との比較も考慮に入れながら、特に留意すべきである。かつてのような高度成長期とは違い、給与は上がらず、今後は税金や社会保険料の負担も増大することが予想されるからだ。

たとえば住宅ローンについては、借りることができる限度額と実際に返済できる金額とは異なるので、過大な負債を抱えないようにできるだけ頭金の割合を多く用意しておく。また金利が上昇するリスクや少子高齢化による住宅の下落リスクは考慮に入れる、低金利の間に繰り上げ返済を検討する、などである。住宅の修繕やリフォーム費用も他の資産にはない特徴である。

先述したように私もいきなり年収が半分になる立場になったが、病気や事故、リストラ、降格などが生じないとも限らない。死亡の場合は、団体信用保険の保険金が住宅ローンの負債と相殺されるが、病気や障害の場合はリスクが残る。

また私の周囲の60代半ばの世代では、都心から離れた一戸建てから都心に近いマンションに移り住む人が増えてきた。子どもが独立すると広いスペースは必要なくなるうえに夫婦も年老いてくるので、交通の便がよいマンションに移る例が多い。また定年前後に働く場所が変わったり、親の介護の関係で住まいを移ったりすることもある。夫婦で高齢者向けのマンションに入居する人もいる。

寿命が長くなったなかで、マイホームを持つことによって住む場所が固定化されるよりも、ライフサイクルの変化に応じて柔軟に住む場所を変えるという選択もあり得る。先ほどの住居の修繕やリフォーム費用のことも考えると、若いうちは社宅や住宅手当なども活用しながら賃貸で過ごし、ある程度老後の生活が見えてきたタイミングで住宅を購入するというやり方もあるだろう。先を見通すことができない時は、判断を保留することも一つの選択だ。

また大きな住宅ローンを設定して負債を抱えるということは、資産内容から見れば一点集中投資であり、リスク分散という資産運用の基本からは外れていることも考慮に入れておくべきである。不動産に対する資産運用という意味では、次章において家賃保証の問題やスルガ銀行問題で明らかになったシェアハウスへの投資などを取り上げる。

リスク回避策はいろいろ

以前、私が勤めていた生命保険会社の先輩が、米国の大手保険会社で働く友人に、「アメリカの人たちは、どんな時に保険に入るのか?」と聞いた時に、「住宅ローンを借りる時と、相続対策(富裕層中心)で生命保険を利用している」との回答だったそうだ。

基本的には特別な必要がない限り生命保険に加入することはなく、住宅ローンや相続対策といったスキーム(枠組み)の中で、必要な保障に入っているということだ。

そういう意味では、日本人の感覚とは相当違っている。生命保険文化センターが2018年9月に出した「生命保険に関する全国実態調査(速報版)」(2人以上の一般世帯)によれば、1世帯あたりの生命保険の年間払い込み保険料(個人年金保険料を含む)は38万2000円となっている。家計から見れば決して少なくない金額である。

誰もが人生において、家族の死や自身の病気、また地震などの自然災害や大きな事故などのさまざまなリスクに直面している。それらに対しての回避策として、保険に加入するのも当然と言えば当然である。

私が生命保険会社の支社長をしていた時に、毎日毎日、中小企業の社長のところを営業社員と一緒に訪問していた。その時に多くの資産があるとか、生活上のリスクが高いから多額の保険に加入するのではないことに気がついた。

むしろその人と保険との相性や営業担当者をどのように評価しているかがポイントだった。「これだけ保障を準備すれば十分ですね」と説明する私に向かって運送会社の社長夫人は、「保険は魔除《まよ》けだから、役に立たない方がいいの。これからも案内してもらっていいわよ」と語ったことがある。また関西弁で言う「あいつおもろいやっちゃ」と顧客先の社長から言われている営業社員は必ず安定的に成績を上げていた。経済合理性だけではないところで保険に加入している契約者が多いことに気がついた。

会計事務所で長く働き、中小企業のコンサルタントとして活躍している知人が、「自分は独身で子どももいないが医療保険だけは入っている。経済的には意味がないことは自分でも分かっているが、お守り代わりの気分だ」と声を潜めて私に語ったことを思い出す。

リスクと向き合うと各人の立場からいろいろなスタンスが出てくるということだろう。ある外資系企業のトップが、日本の従業員のために何をすればよいかを熟慮に熟慮を重ねて、地方に一定の広さの土地を購入した。大災害や原発事故、たとえ戦争が起こっても地方で若干の作物を作れる土地があれば最悪の状況に陥るリスクを避けることができるというのが理由だそうだ。

たしかに第二次世界大戦で敗戦濃厚になった日本でも、当時の多くの子どもたちが疎開というやり方で地方で生き延びた。私も子どもの頃、父母や親戚《しんせき》から疎開の時の話を何度も聞いた。また地方にある農業高校は、大災害が生じた時にも最低限の食べるものと水と自家発電の電気があるので、「ここに逃げてくれれば当分の間は大丈夫」という地域のセーフティゾーンとして学校が設計されているという話を聞いたことがある。これも同様な発想である。

本書では家計を運用する際に保険についてどのように対処するかを検討することにしたい。

保険の必要な時

家計管理から見て保険を検討する時には、「どの保険に入るのがいいか」からアプローチされることが多い。しかし「自分の家計にとって保険が本当に必要なのはどのような場面なのか」という基本的なところから考える必要がある。この基本の部分が抜け落ちているので、保険に対する検討が複雑になってしまう。本書では、保険商品の仕組みや保険プランの具体的な中身には立ち入らない。

本来は、「保険が本当に必要かどうか」を検討したうえで、次のステップで「どの商品を選択するのか」の順番になるのが普通だろう。前者では保険の意味や必要性を知って自分が加入すべきかどうかを判断するための情報が必要になる。後者ではそのうえで保険の具体的な内容を検討することになる。

ところが日本では、「保険は必要かどうか」についての情報があまり提供されていない。同時に消費者側からもそれを求める発想が弱い。いきなり商品選択の話に入ってしまうので、保険は難しくて分からないと困惑することになる。「木を見て森を見ない」状態で悩むのだ。

保険商品を選択するための情報は、たしかに分かりやすいものではない。「保険の種類は、死亡保険、生存保険、生死混合保険の3つ」「主契約と特約の2種類があって」「保険料は、純保険料と付加保険料に分かれていて」などと言われてもすぐに理解するのは難しく、約款《やっかん》なども優しく読めるように工夫は進んでいるが、初心者が理解するのは簡単ではない。

また自分自身や家族の死または病気への対処が保険の目的になっているので、愛情や責任といった情緒的なものが加わるとともに、一般の商品に比べて手で触って感じることができないので費用と効果についての感覚も甘くなりがちである。おまけに世の中の情報提供は、保険を提供するサイドからのものが圧倒的に多く、加入する側に対して適切な情報を提供する機関は多くはない。

これらのことから消費者の保険に対するスタンスが明確にならず、結果として必要以上に加入したりするケースが多い。

やはり「保険は本当に必要かどうか」を自分できちんと捉えようとする姿勢が大事である。先述の通り、保険を考える時には死や病気などのデリケートな内容が含まれているので感傷的になりがちだ。しかし押さえておかなければならないのは、保険によって支給されるのは金銭に換算された保険金だということだ。たとえば、子どもが交通事故で亡くなった時の親の嘆きは筆舌に尽くしがたい。なぜ自分の子どもが交通事故で死ななければならなかったのかという不条理に、感情の収めどころを見つけられないだろう。

しかしその時も、保険による保障はあくまでもお金に換算された保険金なのだ。つまり人生のさまざまなリスクや感情面の悲しみを保険では直接癒すことはできない。あくまでも経済的な補塡《ほてん》である。そうであるならば、保険を加入する際にも合理性で考えた方がよい。

保険はシンプルに

保険は「自らの蓄えでは到底賄えないリスクを対象にする」と決めればかなりシンプルに考えることができる。またそれで必要十分だろう。この考えでいくと、入院1日5000円といった医療保険や子どもが成長するに際して祝い金が出るような保険は対象外になる。

生命保険が必要なのは、子どもが成人するまでの親に対する死亡保障、住宅ローンを組んで、本人が亡くなったりした時に支払われる団体信用保険くらいしか思い浮かばない。他には会社を勤めている時に病気になって働けなくなった時の所得補償保険くらいだ。ただこれは健康保険でも傷病手当金として一部保障されるので、商品として成熟していない面がある。あとは、相続税の対象外になる「500万円×法定相続人の人数」の死亡保険に加入して葬式代などの死亡に伴う諸々の経費を確保しておくくらいのことだ。

先述の生命保険文化センターが実施した「生命保険に関する全国実態調査」（2人以上の世帯調査）によると1世帯あたりの年間払込保険料（個人年金保険の保険料を含む）は平均38万2000円となっているので、この基準で割り切るとすれば相当額を節約することができそうだ。

たとえば、あるネット生命保険会社で男性が2000万円の死亡保険の定期保険（掛け捨て、配当金なし）を40歳から10年間加入するとすれば、月額の保険料は3600円、年額では4万3200円である。この保険料で2000万円とのちに述べる社会保険から遺族年金（子どもが18歳になるまで月額10万円程度）を受け取ることができるのである。世帯平均の払込保険料から勘案すれば、何人かが加入していても相当額の保険料を削減することはできるだろう。

損害保険の場合は、生命保険に比べれば、実際の損害と補償額が密接にリンクしているので必要性は高い。ここでも「自分で対処することができないリスク」を考えればよい。

私自身の経験では、一人暮らしの母親が高齢で認知症が始まった時に、お茶を沸かそうと思って、何を思ったか電子レンジにやかんを入れてしまったことがある。そのひしゃげた取っ手を見た時に、これは大変なことになる可能性があると考えて、火災保険に加入して個人賠償保険（無制限）を付けた。

自動車の運転については、交通法規を守っていても事故に巻き込まれたり、あおり運転に遭遇したり、思いも寄らない過失で他人に迷惑をかける可能性があるので、加入しておくことは必須である。

その中で商品をどのように選ぶかを考えてみると、自動車保険は次のような種類が代表的である。

①対人賠償保険（事故により相手を死傷させた際の自賠責保険を補完する賠償責任）
②対物賠償保険（事故により他人の自動車や家屋・所有物を壊した際の賠償責任）
③車両保険（事故により契約車両が壊れた際の修理費用などの賠償責任）

先ほどの「自分で対処することができないリスク」という基準であれば、①と②のケースでは、自分で支払うことのできない賠償責任を負うリスクがあるために加入する。一方、車両保険は、損害額も車両の価格の範囲内なので加入しないという判断になる。

余分な保険料を払うと、それだけ家計に影響が出ることを意識しておかなければならない。そういう意味では貯蓄的な機能は、保険に頼らずに銀行や証券会社に任せればよいだろう。ただし、マネー本にもよく指摘されているように、過去の予定利率が高い時の貯蓄型の保険商品に加入している場合は、解約せずに保有しておくことだ。

社会保険を知る

日本では誰もが国の社会保険制度に加入している。公的年金も健康保険も介護保険も原則は国民全員が加入しなければならない。逆に言えば、社会保険で最低限の生活および医療負担を賄うことが可能になっている。すでに全員が一定程度の保険に入っているのだ。これを国民皆保険と呼んでいる。

日本とは対照的な米国では、基本的には民間の保険会社に保険料を支払って、保険会社が指定する病院や医院で治療を受けることが一般である。米国では医療保険に加入していない人も少なくない。

59〜62頁の「源泉徴収票を活用」の箇所で述べた通り、毎年年末に手渡される源泉徴収票の中味を見れば、多くの社会保険料を支払っていることが理解できたはずだ。この内訳は、健康保険料、介護保険料、厚生年金保険料、雇用保険料等であり、名称通りすべて保険である。国民はすでに各種の保険に加入しており、給与の1~2割程度の保険料を給与から天引きされている。

まずは国が運営する社会保険の保障内容を知っておいて、それ以上に保障が必要な時に民間の保険に加入すると考えるべきだ。公的な社会保険の内容を理解していないと、民間の保険会社の保障が社会保険と重複したり、必要以上の保険に加入することになりかねない。その保険料の分だけ家計を圧迫することになる。

先ほどの「自らの蓄えでは到底賄えないリスク」という意味で言うと、国が運営する健康保険制度には高額療養費制度がある。通常現役世代であれば、病院で治療を受けると3割が自己負担になる。ただ仮に治療費が非常に高額になっても、実際に自分が負担する上限金額は月に9万円程度に抑えられている。たとえば月に200万円の医療費がかかったケースでも、自己負担3割の60万円ではなく、9万円程度で済むということだ。

子どもが成人するまでの死亡保障は検討する必要があると先述したが、厚生年金の加入者が死亡した時には、「遺族基礎年金」と「遺族厚生年金」が子どもが18歳になるまで、月10万円程度が支給される。また病気や怪我《けが》で障害を負ってしまった時の障害年金制度もある。これらの点も踏まえて残りの必要額を民間保険で対応すればよいのである。

また会社員の場合には、会社で働いているメリットも使った方がよい。保険については、「グループ保険」などの名称で呼ばれているが、団体（会社など）に加入している従業員を対象とした保険がある。企業や団体単位で収支が計算されて、収入と支出がガラス張りで、手数料も比較的安く設定されている。

子どもが成人になるまでの保障を設定する際にも使える。また１年ごとの契約なので、家族状況の変化に応じて保障額を見直すことも可能である。この制度は企業の福利厚生として運用されていることが多い。

その他にも企業で働いている会社員であれば、会社の福利厚生制度を押さえておくことも有効である。たとえば、社宅や住宅手当、家賃補助の制度、社内融資制度や社内預金・財形貯蓄・拠出型年金・持株会制度などの財産形成を応援する制度を採用している会社もある。特に社内預金や財形貯蓄などの給与から先に控除される、いわゆる天引きの貯蓄は、蓄財を進めるには有効である。また、休暇時に使う保養所や提携したホテルなどの施設を持っている会社もある。家計の充実という意味から役立つものはないかと検討しておくべきである。

自家用車や通信費

固定費という意味では、住宅と保険（特に生命保険）が金額的には大きいが、他にもほとんど利用していないスポーツクラブの会費やいろいろな団体の会費、定期的に購入している雑誌の費用など、再考する余地のあるものは少なくないはずだ。

先述の通り、一度自分の家計の固定費をすべて並べてその支出額を書き込んでみると、無駄な経費があると分かる人もいるだろう。私はバブル崩壊後に、生命保険会社の支店次長をやった時、とにかくすべての支店の固定費を洗い出して、絶対必要なもの以外はすべて解約するという荒療治に取り組んだことがある。長年続けてきた寄付はすべて断り、地域の広告や行事にも不参加を決めた。相手から罵声《ばせい》を浴びせかけられたこともあったが、かなりの額を削減することができた。

自家用車に関する経費や通信費あたりも見直すと効果が出そうだ。

車は1日のほとんどが駐車場に停まったままの家庭も少なくないだろう。私も若い時は休日にゴルフや子ども連れで遠出をすることも多かったが、子どもが成人してからはほとんど使わない。親の介護で利用するくらいである。車の本体価格だけでなく、車検代やガソリン代、税金、保険などの経費がかかり、駐車場にかかる費用も当然バカにはならない。

公共交通機関の発達した都会では、車を所有することをやめるという選択もある。必要な時にタクシーを使い、車にかかる費用は不要になって、家計の経費は相当減らすことができる。必要な時に必要なだけ車を使う「カーシェアリング」を利用する人も増えてきている。

カーシェアリングを運営する会社の説明会に足を運ぶと、毎月の駐車場代や車検費用も含めた経費の削減に関心を持っている年配の人も来ていた。あまり車に乗らず、使っても近隣だけという人にはフィット感がありそうだ。ただ、設置されている場所は限られているので、住んでいる地域によって利便性は異なる。

私が主宰する研究会のメンバーに聞いてみると、経費面を考慮して自家用車を手放した人も何人かいた。

面白かったのは、カーシェアリングとレンタカーを比較して、カーシェアリングは時間ごとに料金が上がっていくので精神的に落ち着かないと語る人もいた。彼は、1日単位で借りるレンタカーを集中的に使用する方が満足感が高く、いろいろな工夫ができるので面白い、と話してくれた。車の経費節減にもいろいろな形があるということだ。

大手の自動車メーカーも、従来のように数百万円を払って1台の車を所有するのではなく、毎月一定額を支払い車を乗り換えられるサービスを始める会社が出てきている。売り切るのではなく定額料金で一定期間利用できる手法は「サブスクリプション（定額制）」と呼ばれ、欧米メーカーも高級車を中心に強化している。

もう少し先になるかもしれないが、自動車の自動運転が可能になれば、必要な時に無人のタクシーをスマートフォンで呼んで利用するような時代が来そうだ。こうなれば車を保有する経費は必要なくなる。

また最近は、そのスマートフォンやネットにかける経費も決して少額ではない。新たな会社が参入して、格安の商品を発売したりして利用料なども変動している。現在では通信費は家計における固定費の代表的な一つになっている。格安スマホを販売している店舗を回ると、動画などをよく使うヘビーユーザーや、プラン変更の手続きや諸々の説明などを求めたい顧客でなければ、切り換えるメリットはあるということで店側の説明は一致していた。

私の取材例でも、格安の携帯電話に変更して、本人が月7000円、タブレットも併用していた妻の分を合わせると年間20万円ほどの家計の節約になったという人もいる。初めはネットや電話のつながり具合も心配したが、特に不便は感じていないそうだ。ただ、故障の際などのアフターケアについては気になると彼は話していた。

時宜に応じて料金プランの変更なども検討すべきだろう。利用できるサービス内容を子どもに聞きながら節約に努めているという人もいた。

第4章　老後不安と投資を切り離せ
——投資はそれほど重要ではない

「美人コンテスト」

30年ほど前のバブル絶頂期に、当時東京で有名だったファンドマネジャーを総合商社の財務部に紹介してもらった。千代田区にある外国銀行のディーリングルーム（株式・為替・債券などの売買を行う部屋）でいろいろと話を聞くことができた。

「投資で実績を上げるポイントは何ですか？」と私が聞くと、彼は「運動神経がよくないと勝てないと思います」と話を始めた。

当時も円ドルなどの為替《かわせ》レート、長短の金利水準、米国の各種統計数値や、個別企業の決算発表など諸々の情報がディーリングルームに流れていたが、彼はじっくり考えていてはダメだと言う。たとえば米国の労働統計の最新情報が入ってきた時に、それが株価にどのような影響があるかを腕組みしながら熟考していては実績を上げることはできない。その情報を得た投資家が株を買うのか売るのかを推量して、全体よりも一歩先にその方向に機敏に動けるかどうかが勝負だと語った。

経済アナリストが統計数値に基づいて評論家のように語る将来の見通しは、投資には役立たない。また情報は次から次へと生まれるので、彼らの見通しが結果として当たる可能性は高くないと語った。

その時に私は、ケインズが『雇用、利子および貨幣の一般理論』で論じている「美人コンテスト」のことを思い起こした。

新聞紙上に掲載された100人の女性の写真の中から投票で美人を選ぶコンテストだが、審査員が美人を選ぶのではない。読者からの得票が多く集まった女性に投票した読者が多額の賞金をもらえるものだ。

つまり懸賞に当たるためには、自分が美人だと思う人を選ぶことではなく、また読者が一番美人だと本当に思っている人を当てるのでもない。いわば、その顔が美人であると多くの読者が予想するであろう人を予想するのである。経済学者の岩井《いわい》克人《かつひと》氏は、著書『二十一世紀の資本主義論』の中で、「予想の無限の連鎖」と呼んでいる。最終的には、読者から一番多くの票を獲得する女性（必ずしも一番美人ではない）を当てることなのである。

現在の金融市場は、まさにこのような美人コンテストの場と同様だと言えるだろう。先ほどのファンドマネジャーの話とも共通している。各自が自己の利益を追求していけば、アダム・スミスの語る「見えざる手」に導かれて需要と供給の関係から安定的な均衡が得られる、とは言えない。

それを一言で言えば、投機の世界ということになるだろう。自分と同様な市場の参加者がどのような行動をとるかを予想して、他に先駆けて動くことによって利益が得られる。それは株式市場、債券市場、外国為替市場、商品先物市場、金融オプション市場も同様である。そしてプロの参加者が中心になっている限り、素人が生半可な経済知識で取り組んでも簡単に大きな利得が得られる世界ではない。先ほどのファンドマネジャーが、経済アナリストの見解は信じるものではなく、投資判断する際の一つの要素にしかすぎないと何度も語っていたのが印象的だった。

「投資はよいが、投機は危ない」といったたぐいのことを言う人がいるが、資産価格の変動のサヤを抜くのが目的であるという意味では、厳密に両者を区分することはできない。リスクのレベルに違いがあるだけである。

投資運用だけに偏りすぎないことだ。多くの自由な時間を手に入れたので、その時間を投資運用につぎ込んでいるという定年退職者は少なくない。しかしプロのように常に同じペースで運用を続けることができるわけではない。また投資に時間も労力も十分にかけられない人、投資に関する知識や経験が不足している人も少なくない。もう少し付け加えて言うと、投資運用が必要というよりも、他にやりたいことがないからやっている人もいるのである。

任せきりにはしない

自分の家計においては、リスクを許容できる範囲を見極めて、それに応じた対象資産を選び、運用方法を検討することだ。一発当てて大儲《おおもう》けしようと考えない方がよい。大半の会社員は、財産増減一括表を作成すればそのことがよく理解できるだろう。

若い人であれば、将来の時間もあるので、失敗を糧《かて》にリベンジする機会もあるかもしれない。中高年では先の時間がそれほど長くはない。特に経験のない中高年世代には、投資を積極的には勧めることはできない。財産を増やそうと一生懸命になると、ついつい力が入って結果としてうまくいかない例を何度か見てきたからである。

退職金というまとまったお金が入ることや、寿命が長くなったので老後資金を増やさなければならないという気持ちは分かるが、だからといって、それがリスクのある投資運用には必ずしも結びつかないと考えておくべきだろう。

自分が分からないことはやらないと決めて、リスク性の資産には一切手を出さない定年退職者もいる。それでも全く不都合はなく、公的年金と自己の貯金を取り崩しながら元気に日々の生活を楽しんでいる人も少なくない。先述の通り、退職金を元手に資産運用に没頭している人が、老後のためというよりも時間つぶしのために取り組んでいるように感じる場面もあった。

余談になるが、退職金が口座に振り込まれた時には、私にも銀行から電話がかかってきた。調べてみると、各銀行が「退職金特別プラン」などと銘打って高い金利を付与する預金を用意していた。定年退職したのは2015年の初めだったので、現在よりも金利水準は高く、3か月定期で年率で1・5％程度の金利が付いた。

定年退職者の中には、「退職金特別プラン」を実施している全国の銀行を調べ上げて、退職金を3か月ごとに預け替えて最高2年間くらい高い金利を受け取り続けた強者《つわもの》もいた。なかには、退職金と同額程度の金融資産を持っていて、その額も退職金からの額だと言って、おのおの別の銀行に預けて退職金の倍額を優遇金利でつないだという人もいた。

もちろん銀行も何の狙《ねら》いもなく高金利の預金を提供しているわけではない。預金と同時に投資信託や外貨定期預金をすると金利をさらに上げる取り扱いを行っていた。銀行は他の商品やサービスを提供することで手数料などを稼ごうとしていたのである。

金融機関の勧奨をはね除《の》けて、とにかくリスクのない優遇金利だけをとる対応をしている定年退職者が多かった。彼らがよく分からない商品には手を出さないことや、金融機関に任せきりにはしないと語っていたのが印象に残っている。自分の本当の利益をよく考えていたのだった。

投資では稼げない？

先述の通り、定年前後のお金に関する本は書店にあふれている。退職金というまとまった金額のお金が入ることから、これからの投資運用をどうするかに目が向きがちである。各種調査によれば、退職金は企業規模や学歴によっても支給額は異なるが、平均で1000万から2000万円を超える程度になっている。

一般の会社員の場合、これほど多額の現金を一度に手にすることはまずない。また入金になった銀行から電話が入ったり、証券会社や生命保険会社の担当者が訪ねてきて運用について勧奨が行われることもあるだろう。

まず考えてみたいことは、家計における投資運用はどれほど重要かということだ。仮に退職金が入って定年時に3000万円の資産を持った会社員を想定してみる。3000万円全額をリスクの大きな資産に投入することはできない。一定の生活費用や住宅関係の経費、現金も持っていなければならないからだ。老齢になった時の介護費用を気に掛ける人もいるだろう。仮に3000万円のうち、リスク性の資産に1000万円を振り向けるとする。現在の低金利の時代であれば、安定して3％の実績を挙げることは大変なことだ。消費者物価指数も2％に届かない状況では、かなりのグッドパフォーマンスに成功したと言えるだろう。その時の年間に得る収入は、1000万円×3％＝30万円である。2割の税金を考慮すると年間24万円の利益になる。もちろんもっと多くの金額を投入してハイリスク・ハイリターンの商品に投資することは可能であるが、元本を下回るリスクもあるので長い老後の運用という意味ではこの程度に抑えておくべきだろう。

この24万円は決して小さな額ではない。しかし定年後に家の近くでアルバイトを探して月に5万円稼ぐことはそれほど難しいことではない。年間にすると60万円になる。運用で稼げる金額の2倍である。資産の上積みを図りたいのであれば、無理な投資に頼るのではなく、自ら働くことが賢明だ。14〜16頁に、長寿化による老後不安を説く金融機関の見解を紹介したが、働けばその「老後」自体を短くすることができるのである。

また第3章で検討した固定費の削減を考えてみれば、保険に関連する支出で言うと、99頁以降に示したように「自らの蓄えでは到底賄えないリスク」だけを対象にすると限定すれば、月に2万円程度の節約をできる家計は少なくないだろう。年間にすれば24万円程度になる。

また自家用車の経費も、割り切ってタクシー利用やカーシェアリング、レンタカーの使用に乗り換えて必要な時に使う形にする。それができれば駐車場代や車の購入や維持に関わる経費削減で月に2万円程度を節約するのは不可能ではないだろう。また携帯電話の契約を見直すことによって月に2万円程度の節約を行っている家族もある。これでおのおの24万円の削減になる。しかもこれらの固定費の見直しの効果は、それ以降ずっと続く。

このように考えてくると、1000万円の金融資産を3%で運用できたとしても、家計全般から見ると相対的にはそれほど大きな利益額ではない。しかも安定的に3%を必ず確保できるわけではなく、マイナスになるリスクもある。金融機関は老後資金の確保を強調することによって自らの商品を勧奨するが、一歩退いて家計における投資自体の重要性を考慮に入れるべきだ。

投資によって資産を増やすことをことさら強調する考え方もあれば、元本割れのリスクのある商品には絶対手を出すべきではないという見解もある。もちろんそれぞれに根拠はあるのだが、その議論の前に、そもそも家計における投資運用の相対的な重要性、投資効果の位置づけを考慮に入れるべきだ。

また自分の趣味や能力、スキルの向上にお金を投資するというやり方もある。将来のためにお金を使うことも必要なのだ。お金を増やすことだけが必ずしも投資ではない。

家計資産の配分策

投資が家計全般として見て決定的に重要ではないとしても、投資を含めて家計資産全体をどのように運営していくかの視点を無視できないことは言うまでもない。

現在は、銀行の普通預金や定期預金だけではなく、個人であっても数多くのリスク性資産を選択できる。日本株式、海外株式、国内外の国債や社債などの各種債券、保険会社の変額保険、外貨建て保険、外貨預金、ＦＸ取引（外国為替証拠金取引）、また金《きん》などの商品投資もある。

これらの中から何をどのように選択すればよいのかを決めることは簡単ではないだろう。スタンスを決めずにリスクのある金融商品に手を出すと、相場のアップダウンに一喜一憂することになりがちだ。思うような運用実績が得られなかった時にはストレスを抱え続けて、場合によっては日常生活に支障をきたすことになりかねない。ひいては大切な老後資産を失うことにもつながる。

それではどう考えればよいだろうか？

まずは第2章で述べた財産増減一括表で自己の家計財産を時系列で把握することだ。これがまずすべての基礎になる。加えて第3章で述べた無駄な固定費を見直すということも考慮に入れる。これは何年かに一度見直すレベルで足りるだろう。

次に大切な点は、現在の家計資産を、どのような形（現金、預金、住宅、株式、投資信託）で、どのような割合（たとえば現金10％、預金30％、株式10％、投資信託20％など）で保有するかである。

家計財産については、プロのように日々機動的に投資運用ができるわけではない。運用につぎ込む労力や時間も限られている。また定年後に投資に多くの時間を投じるつもりでも、親の病気や介護が生じて集中できない期間も生じる。また急に働かなければならないこともあるかもしれない。そういう意味では、あらかじめ自分の資産を配分する基準を決めておくことが合理的である。

ポートフォリオという言葉を聞いたことがあるだろうか？

もともとは書類入れやその中の書類などを表す言葉ではあるが、現在は、あるものをどのように配分をするかという組み合わせの意味に使われることが多い。たとえば、私が経験した人事関係の仕事では、人材ポートフォリオという言葉が使われる。

会社組織では、有能なリーダーばかりでは組織はうまく動いていかない。リーダーを守《も》り立てる部下も必要であるし、縁の下の力持ちになって組織を支える人材も必要だ。いろいろなタイプの人材がうまく組み合わさると組織が安定して力強くなるということを私も肌で感じてきた。

昨今はしばしばダイバーシティ（多様性）の重要性が強調されているが、多様な人材を擁するだけではなく、その組み合わせがポイントになる。プロ野球でも、他球団で4番を打てるバッターばかりを集めた球団が優勝するとは限らない。それは家計財産においても同様である。

この家計のポートフォリオの作成は、最大のパフォーマンスを挙げるというよりも、余分なリスクを軽減して時間や労力をかけずに安心して日常の生活を楽しむことを目標にする。

家計ポートフォリオ

本来であれば若いうちから投資の基本を学びながら将来に備えるのがよいのだろう。しかし中高年になってからでも老後の期間は長くなっているので、退職金の取り扱いや老後資金の管理・運用に備える必要性は高い。

昨今は、地震や台風、豪雨などの災害被害を受けたり、自身の健康を損ねて一定期間働けなくなって収入が途絶えるリスクはゼロではない。家族との関係で急な出費が必要となったり、勤める会社の経営が揺らぐこともあり得ないわけではない。また公的な支援があっても、申請して支援金を受け取るまでには数か月かかることもある。

これらを考慮に入れると、6か月から1年分ぐらいの生活資金をいつでも使うことができるように現金か銀行の普通預金で用意しておきたい。たとえば月50万円の収入の家計なら、300万円から600万円程度のいつでも使える現預金を確保しておくべきだろう。自分や家族を守るための生活防衛資産だと言っていい。多額の住宅ローンを抱えている場合でも、流動性ある現預金を一定額は残しておくことが必要だ。そうでなければ急な出費が出た時には借金をせざるを得なくなる。また自由に使えるお金があることが、老後生活への対応力を高めるのである。

その次に家計の資産を考える際には、元本割れの可能性がない非リスク性資産と、高いパフォーマンスは期待できるが元本割れなどの可能性があるリスク性資産とに分けることが妥当である。前者は、銀行の定期預金、証券会社のMRF（特に安全性の高い公社債などで分散して運用される投資信託）、郵便貯金、個人向け国債などである。後者は、株式、投資信託、外貨預金、変額保険、国債、金などである。第3章でも述べたように住宅もリスク性資産と捉えておくべきだ。

一定額の現預金を確保したうえで、リスク性資産と非リスク性資産の割合を定めておくのが家計ポートフォリオの要諦《ようてい》である。これは第2章で詳しく述べた財産増減一括表の資産部分をどのような費目に配分しておくかの課題である。

繰り返しになるが、長寿化に伴い老後が長くなっているので、資産の管理や運用によって家計を健全に保つ必要性は高まっている。まとまった退職金を手にすると、どのように管理・運用してよいか分からず戸惑うので、あらかじめ枠組みを決めておくのである。

基本スタンスは、損失するリスクはできるだけ回避しながら長期で運用する姿勢が大切である。しかし銀行の定期預金の金利が0・01％という状況では元本保証だけの商品で運用するのも芸がないとも言える。

私が財産増減一括表を作成し始めた昭和63年（1988年）は、郵便局の定額貯金の金利が5％を超えていた（今は0・01％）。もはや銀行や郵便局に預けていればお金が増えるという時代は終わったのも事実である。

まずは生活資金や何かあった時のための余裕資金を確保したうえで、リスク分散に十分配慮しながら、管理・運用する。余裕資金が十分でなければ、先述したように投資運用の効果はそれほど大きくないのでリスク性資産は一切持たないという判断も十分あり得る。

退職金などでまとまったお金が入ったからといって、金融機関にお任せして高いリスクの金融商品に投資するのは危険である。繰り返しになるが、私が取材した定年退職者の中には、退職金のほとんどをリスク性資産につぎ込み、多額の損失を抱えていたが、「トランプ政権発足前後の株高で命拾いした」と語った人もいる。損失が膨らんだ時には生きた心地《ここち》がしなかったそうだ。

後期高齢者（75歳以上）になった時に、必要な医療費と介護費用を合わせると数百万円は用意しておく必要があるだろう。退職金は長い老後を過ごすための虎の子であると考えるべきだ。

家計財産のポートフォリオを検討する前提として、ここで非リスク性資産とリスク性資産について整理しておく。

●非リスク性資産（個人向け国債は妙味あり）

家計にとって一番馴染《なじ》みがあるのは銀行の普通預金、定期預金だろう。このほかに証券会社のMRFは投資信託の一種であるが、ほぼ元本割れのない投資対象を中心に運用している。銀行の普通預金や証券会社のMRFに多額の金額を置いていると、銀行や証券会社の担当者からリスク性の商品を勧められることがある。

一定額以上の非リスク性資産を持つ家計では、個人向け国債を検討することも考えられる。個人向け国債は固定金利の3年満期と5年満期、および変動金利の10年満期がある。昨今のような超低金利の時代では、固定金利よりも変動金利の方に妙味がある。

10年変動金利の個人向け国債では、3点のメリットがある。

1つ目は、国が発行している国債なので信用リスクは問題ないこと。2つ目は、発行後1年以上経過すれば中途換金が可能であること。その際には利払いの2回分（過去1年分の利子（税引き後））をペナルティとして支払えば、満期の前にいつでも解約できる。一般の10年物国債であれば金利が急激に上がった時には大きな損失を抱える恐れがあるが、1年分の利子を払うことを損失の限度にできる。３つ目は、取り扱う証券会社によっては、購入するとキャンペーンとして一定額をプレゼントする会社もある。２０１９年８月のある証券会社のケースでは、個人向け国債を５００万円購入した場合は１万５０００円、１０００万円では４万円を受け取ることができた。もちろん他の商品を購入する義務などはない。

国からの国債販売の手数料を顧客に還元しているのだと思われるが、現在のような低金利のなかでは、非リスク性資産で本来の利息のほかにこれだけの手数料を何らの義務なしで受け取ることができるのはメリットだと言えよう。

なお銀行預金（普通預金＋定期預金）は、預けていた金融機関が万が一破綻した場合には預金保険で１０００万円まで保護されるが、それを超える預金額は保護されない。そういう意味では、多額の資産を持っている人は１０００万円を限度にいくつかの銀行に振り分けておくという手がある。また外貨預金は預金保険の対象になっていない。証券会社はたとえ破綻したとしても、投資商品は信託銀行が分離勘定として、会社資産とは分けて管理している。

●リスク性資産

先述の通り、現在は個人であっても数多くのリスク性資産を選択できる。日本株式、海外株式、国内外の国債や社債などの各種債券、保険会社の変額保険、外国銀行などが提供する外貨預金、FX取引（外国為替証拠金取引）また金などの商品投資もある。

最近は、銀行が仕組みモノというか、オプションの条件を付けた商品を個人顧客にも販売している。これらの中から何に投資をすればよいのか、金融知識を深く理解していなければ選択するのは簡単ではないだろう。

基本は、どの資産が一番有利であるかを予想して、それを当てて短期間に大きな利益を得ようとしないことだ。先ほども述べたように金融市場は「美人コンテスト」化した投機的な側面を持っているので、素人が簡単に勝てる世界ではない。投資を専門にしている人たちも痛手を負っている例が少なくない。繰り返しになるが、家計財産は自らの老後を過ごすための大切な虎の子の資産である。リスクに十分注意しながら検討しておく必要がある。

一方で、長い目で見れば、一定のリスク性資産の過去の実績では、非リスク性資産よりも高いパフォーマンスを挙げていることが多いのも事実である。

たとえば、公的年金の運用を受託している年金積立金管理運用独立行政法人（GPIF）は、長期的な観点から安全かつ効率的な運用を行うため、各資産を組み合わせた資産構成割合を基本ポートフォリオとして運用している。2019年6月末の年金積立金は全体で160兆円ある。厚生年金や基礎年金の積立金運用を行っているので、一定程度の安全性を考慮に入れて運用している。

ＧＰＩＦが採用しているポートフォリオは「国内債券35％、国内株式25％、外国債券15％、外国株式25％」である。

ホームページにある実績を見ると、短期的にはリーマンショックもあって大きく元本を割り込んだ期間もあるが、長期的には非リスク性資産だけに投資したよりも高い実績が上がっている。

もちろん、この数値を見て、同様な投資をすれば必ず高いパフォーマンスを得られるなどと簡単に考えてはいけない。この期間は運用によって比較的成果を上げやすい環境だったということもあるし、１６０兆円の年金資産の運用と個人の資産運用は同列には論じられない。またプロの投資家と一般個人では金融のリテラシー（知識やそれを活用する能力）面でも大きな差異がある。今後も同様な実績が挙げられるとは限らないのである。

しかし長期の投資に徹して、投資先も一点集中ではなくて分散して投資すれば一定のリスクを抑えることができる。そのためには先述のように家計の資産を運用するポートフォリオを無理のない範囲で決めたうえで、長期・分散投資に加えて、資産を運用するコストにも配意するスタンスが必要である。繰り返しになるが、金融市場はあくまでもケインズが述べた「美人コンテスト」の世界（投機の世界）だということを忘れてはならない。長期・分散・低コストの投資をすればうまくいくと簡単に考えている個人投資家もいるが、手法だけで実績が上がると考えてはいけない世界なのだ。

そして単に運用実績に一喜一憂するだけではなく、第2章で述べた財産増減一括表によって結果のフォローとともに、家計全体の中での位置づけも継続して把握しておくことが必要である。

具体的配分と銘柄

ここで家計財産の配分（ポートフォリオ）の点に戻って考えてみたい。

まず家計財産の目標利回りは特に決めない。本来であれば、目標にする利回りは、物価上昇率がベンチマーク（比較する指標）となろう。運用成績が消費者物価を上回る水準であれば、家計資産の価値（購買力）の目減りを防ぐことができるからである。現在では日銀が目標とする2％以上が一つの目処《めど》と考えてよいだろう。

しかし家計財産は誰かの資産を預かって「○％以上」の実績を挙げなければならない義務があるわけでもなく、顧客に配当をする必要もない。あくまでも自分自身が生活を楽しく、充実して過ごすことが第一の目標であることを常に忘れてはならない。

無理に実績を上げようとすることは逆効果になる可能性があることを肝に銘じておくべき

だろう。

図表7の円グラフは、先述した1000万を超える退職金を受け取り、金融資産2000万円の財産を持つ家計の配分モデルを示している。仮に毎月の支出が30万円の家計だとすると、1年分の生活費をまず確保すると考えて360万円を現金または銀行預金で保有する。残りの1640万円をリスク性資産と非リスク性資産に半分ずつ配分したモデルである。

この配分は過去の投資経験や金融の知識、各家計の状況や、自身のライフスタイルなども勘案しながら作成すればよいだろう。非リスク性資産を一定割合持つのは、リスクを回避することが目的である。それに加えてリスク性資産、たとえば株式や投資信託が大きく下落した時には買いのチャンスであるが、非リスク性資産が少ないと、その機会を失うこともある。そのために非リスク性資産を一定程度確保しておく意味合いもある。また第2章の財産増減一括表の資産、負債、正味財産などの状況も考慮に入れなければならないのは当然のことである。

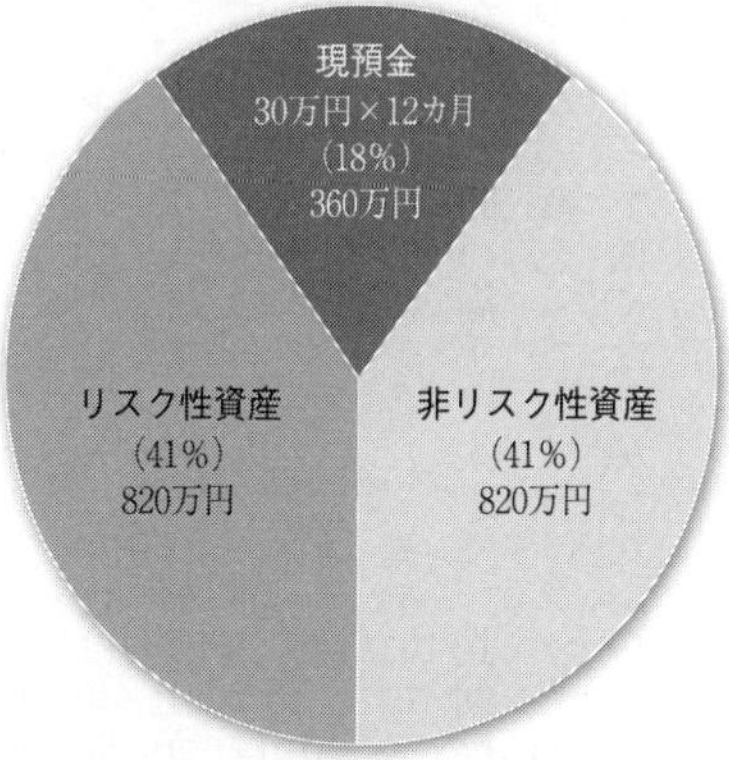

図表7　金融資産2000万円の配分モデル

この配分は一つのイメージであるが、年代別にリスク性資産の割合をセットする手もある。たとえば、40代は50%、50代は40%、60代は30%などである。

配分を考える際には、年齢が上がれば上がるほど株式や投資信託などのリスク性の資産の比率を下げるのが原則だ。海外では、リスクのない対象への財産は、年齢の割合分だとする考え方もあるそうだ。たとえば、40歳であれば40%を安全資産で持つが、70歳になれば70%になるといった具合だ。高齢になっていると、バブル崩壊やリーマンショック級の市場暴落が生じた時の痛手は大きく、長期投資で取り返そうと思っても回復に至る期間の途中で自分の人生が終わってしまうリスクもある。また中高年以降になると、働いて得られる報酬も以前に比べて低くなりがちだからである。

投資信託は一つの選択肢

中年以降になっても寿命が延びているだけに、どのように自分の資産を運用するかはやはり家計上の課題である。会社員の取材をしていて感じるのは、中高年社員の場合は、管理職ポストを外れる「役職定年」にあたる55歳前後が一つの節目と感じることが多い。

社内の自分の立場も明確になって、家庭では子どもが独立したり、住宅ローンの返済に目処がついて家計に少し余裕ができるので、先のことを考える機会になっている。現在の55歳の人の平均余命は男性で28年、女性で34年もあり、定年後もまだまだ長い。

こうしたなかで投資先を選ぶ時に、個別の株式や債券の銘柄を選ぶ方法もある。このあたりは自分自身の好みの問題にもなってくるが、個別銘柄を選択して投資することはそれほど簡単ではない。若い時から十分経験を積んだ人もいれば、これから投資について初めて取り組む人もいるだろう。

初心者ならば、投資信託を活用するというやり方もある。投資信託では、運用会社が組み合わせた多種多様な複数銘柄に投資することが可能であり、少額から始めることができる。ここ数年は、国内外の資産に分散しながら、投資家が払うコストを抑えた商品が増えている。

日々値動きのあるリスク性商品への投資を検討する場合は、当然ながら安値で買って高値で売れば利益が上がる。しかしこれはとても難しいので、毎月一定額を定期的に買い付けることで運用実績に一喜一憂せずに継続して投資できることが、投資信託を積み立てるメリットである。

国内外の投資先で運用できるので、一つの国の通貨に集中的に投資することに比べれば通貨リスクを分散できる。また多種多様な運用先に投資することができるので、やはり分散投資（リスク軽減効果）が可能になる。

定期的に積み立てることにより、時間的なリスク分散も同時に図ることができる。少額で継続的な投資ができるので長期的な視点に立つことができて、長い定年後を支える運用としては比較的フィット感がある。

また昨今は低コストの多様な投資信託が出ていて、後述のＮＩＳＡ《ニーサ》（少額投資非課税制度）などの税金の優遇された投資方法をとれば、それだけ運用成果を高めることにつながる。ただ、実に多くの商品が売り出されているので、自分の資産とリターンやリスクを見極めて購入する必要がある。

たとえば、株価指数などに代表される指標への連動を目指すインデックスファンドと呼ばれる投資信託を選択するのも一つのやり方である。代表的な商品としては、「東証株価指数（ＴＯＰＩＸ）」に連動する投資信託がある。つまりこの投資信託を保有することで、東京証券取引所一部上場企業全体に投資を行っているのとほぼ同じ効果を得ることができる。またこのようなインデックス投資は、保有期間中の手数料である信託報酬も比較的低い。

積立投資を過大視するな

老後資金への不安のなかで、リスクは少なくしたい一方で、資産を増やして家計を余裕あるものにしたいとの気持ちは当然であろう。金融庁の金融審議会が２０１９年６月に提出した報告書に端を発した「２０００万円問題」が騒がれた時に、銀行や証券会社、生命保険会社が個人に向けて営業攻勢をかけている話もよく耳にした。また、老後に向けた投資運用をどうするかについてのセミナーもいつもより活況を呈したそうだ。

こうしたなかで中高年会社員や定年退職者に話を聞いてみると、投資信託では長期にわたって積み立て投資をすれば比較的高いパフォーマンスが必ず得られると思い込んでいる人が少なくなかった。なかには、顧客の相談を担当しているFPでも、頭からそう信じている人がいるので驚いた。早いうちから個人の資産準備を勧奨することは大切であるが、投資を勧奨する場に変質しているのではないかと気になった。

積み立て投資とは、毎月決まった日に1万円などの定額で購入していく方式である。投資信託では常に価格は変動するので、購入するタイミングによって得する場合もあれば損する場合もある。

毎月一定額で投資信託をコツコツ買えば、価格が高い時は買える口数が少なくなり、価格が安い時は買える口数が多くなる。このため平均すると購入価格は下がるので有利な運用方法だと説明される。この投資手法は「ドルコスト平均法」と呼ばれている。これは間違いなくよい方法だと誤解している人もいるが、必ずしも万能ではない。

たしかに価格が上下動を繰り返す局面では購入コストを下げるかもしれないが、値上がりが続いている時に買って投資額が膨らんでから、その後大きく下落する局面が来た時には、大きな損失を抱えることがある。

実は、私は金《きん》投資をこの30年ほど続けている。まさにここでいう「ドルコスト平均法」で毎月数万円を長く積み立ててきた。

金価格は相場商品なので、上がる時もあれば下がる時もある。大きく下がった後に相場が戻れば、その間は安く買えているので利益は大きくなるが、ある程度積立額が貯まった後に大きく下落すればこうむる損失は大きくなる。この10年間ほどは、金価格はほぼ恒常的に上昇を続けているので一部を売却したり、購入金額を下げたりして、下落した際のリスクを小さくするように工夫をしている。

このように積み立て投資は、どんな相場でも効果が上がる投資法では決してない。とにかく「積立、分散、長期」で投資信託を購入していけば大丈夫だ、というのは誤解だと認識しておいた方がよい。繰り返しになるが、金融市場はあくまでも「美人コンテスト」の世界なのである。楽に儲かる投資手法などはないのだと思い定めた方がよい。

むしろ投資信託を積み立て型で行うメリットは、少額から始めることができて（リスクを小さくできる）長続きしやすいことだ。また運用成果に一喜一憂せずに、投資のことは忘れてほかの人生の楽しみに取り組みながら投資のトレーニングもできることではないかと私は考えている。間違いなく利益の上がる運用成果まで求めることはできない。投資運用で恒常的に利益を得るのは困難だと思い定めるべきである。

具体的には、運用コストが比較的低い、優良な内外株式、内外債券などに幅広く投資するバランス型の投資信託を一つ選んで積み立てていくのは、分散投資の点からも一つのやり方だと考える。自分で投資信託を選んで組み合わせたい人もいるだろう。基本は分散投資で長期に取り組むことを前提に選ぶべきだ。私は若い時、働いている会社が証券会社と設定した給与天引きの「ミリオン」という累積投資専用の投資信託をやっていたが、家計が苦しくなった中年期にすべて解約して、50代後半から日本株式と海外株式のインデックス型の投資信託２本を始めている。

証券取引所に上場し、株価指数などに代表される指標への連動を目指す投資信託の一種であるＥＴＦ（Exchange Traded Funds）もある（ただし最低の投資額が大きいので積み立て型には馴染まない）。

また、個別銘柄の株式や債券を購入したい人もいるだろう。このあたりは好みの問題でもあるが、投資に関する初心者は、先ほどのバランス型の投資信託の積み立てから始めてみるのも一法だろう。

コストと税金に配慮

非リスク性資産と違って、リスク性資産では各種手数料がかかる。投資信託については金融機関などに支払う手数料も勘案しておかなければならない。投資信託を購入する際には、投資家は販売会社に購入時に手数料を支払う。また運用期間中は信託財産から信託報酬が差し引かれる。これは運用にかかる費用、運用報告書の作成費や発送費、資産の保管のための費用などを賄うものである。この2つが主な手数料と考えればよい。特に信託報酬は運用している期間中は支払うことになるので、長期に運用する際には留意が必要だ。

インデックス型投資信託では、信託報酬は比較的低い。市場全体の指数を上回る実績を狙うタイプのアクティブ運用では信託報酬が高めに設定されている。しかしアクティブ運用が必ずしも高い運用実績を上げるとは限らない。私が生命保険会社に勤めていた時に総合型基金の営業を担当していた。四半期ごとに顧客先で運用実績の報告に立ち会っていて、アクティブ運用型のファンドが必ずしも高い実績を上げるのではないことを何度も痛感した。また一発当てようとする投資は、個人家計では必要ないのである。

投資信託では、譲渡益が出た場合に課税される税金は、所得税15％、住民税5％に加えて、復興特別所得税0・315％を加算した合計20・315％の税率になる。10万円の利益が出ても税金で、ほぼ20％の2万円が引かれて実際の利益は8万円になるということだ。購入時手数料や信託報酬が低い商品を選んだとしても、税金面でかなりの負担を強いられる。投資によって得た利益には税金が付きものなので、節税をしながら賢く運用をするのが資産形成における一つのコツである。

積立投資でより効率的に増やすためには、2014年以降に相次いで導入された「NISA」や「つみたてNISA」の少額投資非課税制度やiDeCo《イデコ》（個人型確定拠出年金）を利用することで、運用益を非課税扱いにすることができる。制度によって投資額の上限や運用期間、運用できる商品、資金引き出しのタイミングなどについて違いがあるので、制度の特徴をよく理解したうえで節税にも意識を向ければよいだろう。ただし、信託報酬などのコストや節税の条件はあくまでも付随効果で、どのような対象に投資するかを検討することが本筋であることを忘れてはならない。たとえば、いくら信託報酬が安くても、インデックス型投資信託の募集を開始したばかりで、ファンドに十分な資金がない時は、インデックス（指標）と同様の運用ができないことも想定されるからだ。一定の資産規模を持つファンドを選ぶことにも留意した方がよい。

投資のフォローも大切

これまで述べてきた投資運用の基本の原則を簡単に整理すると左記の通りである。

まずは、家計資産の全体を財産増減一括表にて把握したうえで、まずは資産の配分を家計のポートフォリオに従って運用することを基本にする。

① まずは、半年から1年間の生活費を現預金で確保する

② 半年から1年間の生活費を除く資産について、年代に応じてリスク性資産と非リスク性資産に配分する（年齢が高くなるにつれて、非リスク性資産の割合を高める）

③ 老後資金の確保が目的であるために、10年以上の長期の運用を基本にする

④ リスク性資産については、基本は投資信託にて運用する（別の選択もある）

⑤ 一攫千金《いっかくせんきん》を狙わない。安定的な運用のため優良なインデックス投資を基本とする

⑥ 資産内容の分散、国や地域の分散、投資するタイミングの分散など、分散投資を徹底する

⑦ 各投資信託の信託報酬コストを確認しておく

⑧ NISAなどの制度の特徴を把握しながら節税を検討する

なお、不動産投資と為替関連投資（FX、外債、外貨建て保険）および仮想通貨は、リスク回避の観点から原則外すことにする。

そして投資実績をフォローしておくことも必要だ。初めにポートフォリオの資産別の配分割合を決めたが、その適正な配分を確保するために3年ごとくらいに見直す。これを「リ・

バランス」と呼んでいる。利益が出ている投資信託の一部の利益を確定して、下落した投資信託を買い増したり、非リスク性資産に回すなどして調整する。言い換えれば、高くなった資産を売って、安くなった資産を買い増すのである。

これらを通じて、財産増減一括表で半年に一度、自らの家計を把握しながら、老後資金の運用を行っていく。

「増やす」と「守る」

数年前に知人から、彼の親が投資した内容について相談を持ちかけられたことがある。80代の親が銀行と契約した商品で相当額の損失が出ているとのことだった。

銀行から送付されてきた書類を確認すると、欧州にある銀行のドル建ての債券を購入していた。購入額は1000万円余りで、表面の利率は比較的高いが、ドル建てなので為替レートで円に換算すると数十万円の損失が出ていた。

彼の手元には、母親が自筆した「外国債券売却注文書」と「外貨建て債券の契約締結前交付書面」があって、書面には「相場の変動や債券の発行者の財産状況によって損失が生じるおそれがある」などとリスクや注意点が記載されていた。

私が投資内容の大まかな説明をすると、知人は、軽い認知症もある母親が為替リスクのある欧州銀行の債券を理解して購入するはずがないと言う。母親が「お金を遊ばせていてはいけない」と繰り返し話していることから判断すると、銀行の担当者がそういう説明をしていたのではないかと推測していた。

銀行の担当者を呼んで、私と知人とで話を聞いてみた。知人が80歳を越えた母親が為替のことを理解して購入するとは考えられないと述べると、銀行員は母親に債券の内容を説明して理解してもらっていたと答えた。話し合いは平行線だった。

後日、知人は契約を解約して損切りをしたという。銀行の担当者から「外貨商品を売り込まなければ、行内の目標額を達成することはできない」という趣旨の発言を聞いて、かわいそうになったので、納得はしないがこれ以上こだわるのはやめよう、と思ったそうだ。それ以後は、行員に対して、母親と接触する際には必ず自分を通して話をすることを条件にしたという。

本書を執筆している最中にも、金融機関などが顧客に十分な説明を行っていないという内容のマスコミ報道が枚挙にいとまがないほど続いている。

2019年8月の日本経済新聞の記事では、銀行の保険窓口販売は外貨建て商品の比率が約8割に高まり、そのなかで高齢者が為替変動リスクを理解しないまま契約する事例など顧客からの苦情が絶えないという。

先ほどの外国債券の話とは別に、私も外貨建ての保険商品について元本保証と「言った」「言わない」のトラブルになった事例を知っている。生命保険協会によると、2018年度の苦情件数は2543件と、前年度比3割増になっているという。

そうした状況を受けて、販売を委託している保険会社が銀行に対して顧客への説明の改善を促す、という内容の記事が書かれていた。銀行や生命保険会社は、顧客の信頼という最も重要な収益基盤を失う恐れを感じているのだろう。

またゆうちょ銀行は、2019年6月の株主総会で池田憲人《いけだのりと》社長が、冒頭に不適切な手続きで高齢者に投資信託を販売していた問題について「守るべきルールが順守されていなかった点を厳粛に受け止め、深く反省している」と述べた。

同時期に、かんぽ生命保険が顧客に半年以上にわたって新旧契約の保険料を二重払いさせていた事例が多件数あることが繰り返しマスコミに取り上げられていた。

かんぽ生命では、新契約を結んで6か月以内に旧契約を解約すれば乗り換えとみなし、郵便局員に支払われる手当や営業成績が新契約の半分となる。このため一部の局員が手当の満額受給などを狙って、6か月が経過した後に元の契約を解約させる不正販売をしていた。顧客は解約するまで必要のない保険料を半年間負担させられていた。2019年8月には、このかんぽ生命の不適切販売問題を受け、総務省と金融庁は親会社の日本郵政に報告徴求命令を出した。かんぽ生命については、販売の委託を受けているアフラックのがん保険についても二重払いが報じられている。

もちろん、これらの記事は金融機関の活動全体から見ればごく一部分であろうが、個人の家計にとっては決して小さくない問題である。このような状況を勘案すると、「増やす」と同時に自らの資産を「守る」という観点も必要である。明らかに損をすることは避ける感度や、怪しい話かどうか見極める力がポイントである。分からない話には乗らないというのが基本だ。

特に高齢者の場合はターゲットにされやすい。相手を安易に信用することもあってカモにされやすいのである。人を簡単に信用して、何でも任せてしまう人も少なくない。高齢者にとって保険はそれほど需要はなく、リスクの大きい投資信託や外国債券などに投資する必要もないと言っていいだろう。本人もさることながら親の資産についても「守る」意識が求められる。当然ながら相続以降のことを考えれば、それは自分自身の老後資金を守ることなのだ。

不動産で失敗するな

サッカーの三浦知良《みうらかずよし》選手は、ブラジルへ渡る際に「うまい話は信用するな」と言いつけられて以来、このスタンスが癖になっているとエッセイに書いている。大手銀行から金融商品を提案されても「そんなに利益が出るなら、あなたがすればいいのでは？」と警戒する。負ったリスクの責任はすべて自分自身にあるので、購入したマンションが値崩れしても売った人を恨むわけにはいかず、誰かのせいにもできない。投資した自分の責任だと述べている。

投資マンション購入の誘いは、バブル期に私が働いていた職場にもよく電話がかかってきていた。会社の電話番号簿が不動産会社に流れていたのか、昼休みあたりに何度も何度も勧誘の電話がかかってくる。一度断ってもしばらくすると、また別の担当者から電話が入る。

「本当にそんなに有利な案件だったらあなたがローンを組んで買えばいいじゃないの」と同僚の社員が電話口でよく話していたことを思い出す。間違いない物件であればその営業担当者が自分で買えばよいのである。断っても断っても異なる人から電話が入るので、私は「この勧誘の電話をかける仕事をしていて、あなたは幸せですか？」と聞いてみたことがある。その担当者は「お客様の財産が充実するように、云々《うんぬん》」と回答してくれて、私は彼の話をいろいろ聞いてみた。そうすると私だけ以後に電話がかかってこなくなった。どうやらリストから外されたようだった。

人生で一番大きな買い物は間違いなく住宅であろう。家計で最も失敗してはいけないのは一戸建てやマンションの購入であるが、それにも増してリスクがあるのが不動産投資である。

ところが、不動産投資で失敗をする会社員がいないわけではない。

2018年10月に放送されたNHKの「クローズアップ現代＋」では、スルガ銀行のシェアハウス投資に関する融資問題を取り上げていた。

番組に登場していた50代と思われる大手IT企業に勤める男性サラリーマンは、2018年4月に1室4畳程度の部屋が15室あるシェアハウスを購入した。その際にスルガ銀行から1億6000万円を借りた。空室が出ても月額90万円保証すると不動産会社から言われていたそうだ。しかし実際には9室が空いたままだが保証された金額は入ってこない。自らシェアハウスの掃除などもやりながらできるだけ経費を抑えるようにしているが、月額15万円程度の収入に対して64万円の返済額が必要で、毎月50万円の赤字が出る状況だ。

彼も初めは不動産会社の話に怪しさを感じていたが、スルガ銀行の行員と一緒に担当者が自宅にやってきた。行員はその場で全額貸し出すことができると話し、入居率には注意を払っている旨の発言があったので大丈夫だと思ったと言う。

この会社員は多額の投資にしては非常に脇《わき》が甘いが、このような判断をする素人は少なくないだろう。彼は40代で授かった2人の子どもの将来のために投資を始めたが、にっちもさっちもいかない状況にあると私には思えた。

また朝日新聞が、やはりスルガ銀行からローンを借りてシェアハウス2棟を購入した別のサラリーマンのことを記事に書いていた。このケースもテレビ番組の事例と基本は変わらない。実際には半分しか借り手はつかず、建物の維持費を支払うと10万円少ししか手元に残らず、借金の利息にも全然及ばない。

これらの案件には、スルガ銀行の内部問題もある。このシェアハウスへの投資トラブルで表面化した問題について、２０１８年9月、第三者委員会は、営業の暴走や審査の機能不全、ずさんな経営管理体制が不正を拡大させたと断じる報告書をまとめた。

テレビ番組内では、融資条件を満たすために預金通帳の額をパソコンで偽装するやり方まで紹介していた。それらの不正に行員が加担していた事実も報告書では認定されていた。超金融緩和のなかで貸出先を見失い、優良銀行とされてきたスルガ銀行が顧客をないがしろにする不正融資に走ったことは間違いない。バブル期にもワンルームマンション投資が流行《はや》り、私の周りにも損失を抱えた会社員はいたが、今回の件は金融機関ぐるみであった事実に驚いた。

もちろん個人の不動産投資で優良な物件に投資して、安定した利益を得ている人も少なくないだろう。このスルガ銀行の案件はかなりの例外ケースだと考えたいが、シェアハウス購入者の財産が故意に蹂躙《じゅうりん》されていることは間違いない。

先ほどから述べているように、この一定期間だけでも金融機関に関する不正がこれだけ取り上げられていることを肝に銘じておくべきだろう。やはり家計資産は、「増やす」ことだけでなく「守る」ことも考えなければならない時代なのだ。

90～91頁でも借金である住宅ローンはハイリスク・ハイリターンだと述べたが、一般の会社員は身の丈を超えた借金を避けることが賢明だと心得るべきだ。

独立系金融アドバイザー

こういった状況のなかで、家計資産を守りながら、どのように家計を管理・運用していけばよいだろうか？　いわゆる「2000万円問題」のきっかけとなった、金融審議会の市場ワーキング・グループ報告書「高齢社会における資産形成・管理」（令和元年〔2019年〕6月3日）は、金融機関に属さない顧客本位の独立系金融アドバイザーの育成を指摘していた。

報告書は、こうしたアドバイザーとなり得る主体としては、投資助言・代理業、金融商品仲介業、保険代理店、ファイナンシャル・プランナーなどさまざまな業者を挙げている。ただ米国のように金融サービス提供者から独立して顧客に総合的にアドバイスをする者は、認知度が低くて数も少ないと指摘している。

独立系金融アドバイザーというと、完全に独立した存在だと誤解する人もいるだろう。金融機関の社員とは違って組織の目標額には拘束されないかもしれないが、多くは純粋なアドバイザーではなく、投資信託や保険などを金融機関に仲介し、その対価として販売手数料や信託報酬の一部を受け取る立場で活動している。売買高が増えれば販売手数料は増えるし、金融機関にとって利益の高い商品を売れば、その分収入は増える。金融機関の社員と同様に顧客との利益相反のリスクはやはり拭《ぬぐ》えない。収入基盤が安定しないだけに、より利益相反のリスクは高いと言えるかもしれない。

完全に金融機関などから独立した金融アドバイザーの重要性や需要の高まりを主張する見解もある。この件には私も関心があったので、ここで言う利益相反が起きない形で仕事をしている独立系金融アドバイザーの何人かから実際にアドバイスを受けてみた。

いずれも金融機関や生命保険会社の商品の販売・斡旋《あっせん》には一切関与せず、手数料なども取らない完全独立のアドバイザーである。もちろん金融機関や生命保険会社に所属しているのでもない。

保険分野と、主に投資信託の分野でアドバイザーの役割を果たしている人たちに話を聞いた。取材というよりも、自分が顧客になって相談料を現金で支払い、私自身の保険の加入の仕方や金融商品の投資運用についてアドバイスを受けた。どちらも2時間程度の相談となり、十分な時間を確保できた。

結論的には、両者ともじっくりと私の話に耳を傾けてくれて、アドバイスは具体的で、私自身の従来の保険加入、金融資産投資の考え方も整理することができた。今後の対応へのアドバイスも的確で申し分なかった。「貯める」「増やす」という話だけでなく、趣味などにも話題は広がり、「使い方」にも話が及んだ。「自分という主人公を持っている人はお金をうまく使える」という言葉が印象的だった。また別の人の「お金は手段なのに、それに縛られすぎている人が多い」との発言にも興味を持った。いずれも相談内容のすべては録音して後で聞くことができるようになっている。第1章で述べたような何年も先の老後の不安の話はなく、すべて実践的な内容だった。

信頼できる人からの紹介

実際に彼らのアドバイスを受けて気づいたのは、彼らが金融機関や生命保険会社から独立しているから適切で的確なアドバイスができるのではないことだ。率直に言えば、彼らに力量があるので満足度の高いアドバイスができるのである。

考えてみれば、生命保険会社や銀行、証券会社の社員も利益相反の可能性があるからといってアドバイスの力が低いとは言えない。レベルの高い人もいればそうでない人もいる。当然ながら、顧客と全く利益相反の可能性がない立場にあるといっても、力量が追いついていなければ顧客の役に立つことはできない。つまりその個々人の力量が決定的なのである。金融機関との関係は無視できないにしても、それだけで判断することはできない。

どういう金融アドバイザーを探すかと考えた時に、顧客の立場を顧みないアドバイザーを取り締まることも意味はあるが、根絶するのは難しい。本質的な解決は、顧客が賢くなるということだ。たとえば、かつて私は医療に関わるNPO（非営利団体）で少し学んだことがある。その時に感じたのだが、医療サービスが患者本位でない時に医師や病院を批判するだけでは解決はしない。患者側が病気や医療システムのことを理解するなかで、医師や病院と正面から向き合う力を持つことがポイントなのである。ただこれは息の長い取り組みになることも事実である。金融リテラシー（金融の知識とそれを活用する力）をすぐに高めることは難しい。それではどうすればよいのか？

先ほどの金融審議会の報告書では、独立系金融アドバイザーについての米国との比較が論じられていた。米国の100万ドル以上の純資産を持つ人々の行動特性などを指摘した『となりの億万長者』（トマス・J・スタンリー、ウィリアム・D・ダンコ著）によると、会社が社員を採用する時には、履歴書を検討して、面接を重ねたうえで初めて雇い入れる。これに対して投資アドバイザーとなると、能力も検討せずに取引を始めてしまう人が少なくない。飛び込み営業でやってきたアドバイザーに任せることはおかしい、とこの本では言っている。

100万ドル以上の資産を持つ人々は、自らのアドバイザーを選ぶ際、応募者に必要な能力、知識を持ち合わせていることを証明する書式一式を提出させ、紹介状を何通か差し出させて、何度も面接して信用調査もかけると書いている。投資資産を任せるためには、それ相応のエビデンス（証拠）を取るというのだ。

日本の場合はいきなりそこまでは難しいだろうが、何らかの押さえは必要だ。ネットや書籍などを参照して相談できる人を探そうとすることなどは最低限必要だろう。142頁の力量あるアドバイザーも、それらに加えて業界での評判なども聞きながら有料相談を依頼したのである。また、信頼できる人からの紹介を受けることも有効だ。たとえば会計事務所に勤める税理士とか、銀行や生命保険会社の信頼のおける知人に依頼するとかである。顧客に対してアドバイスなどはしていない人でも、FP資格を保持して信頼の置ける人は少なくない。私自身もこの本を書くにあたってそういう人の意見を参考にしている。

その意味では、現在付き合っているアドバイザーを見直すことも一つの手だろう。たとえば、マンネリに陥ってあまり自分の役に立たないと思える銀行や証券会社、保険会社の窓口の担当者を替えてみるとか、異なる会社や独立している担当者に会ってみるなど、目先を変化させることも考慮に入れてよいだろう。いずれにしても、他人任せの姿勢からは脱却する必要がある。

まずはトレーニングから

繰り返すが、まとまった退職金を手に入れたからといって、今までやったこともない株式や投資信託をいきなり始めるのは危険である。取材でもそういう人は少なくないのである。カナヅチの人にいきなり荒れた海で泳ぐことを求めるのは無理がある。まずプールで基本的な泳ぎ方を体得してから経験を積むことが大切だ。そして最も大事なポイントはよく分からないものには投資しないことである。

少額で始めて、給与や賞与のうち貯蓄に回す分の一定割合を投資商品に振り向けることからトレーニングを始めてみる。

できれば一定額を定期的に積み立て型で始める。日本と海外のインデックス型株式投信を購入して、月に1度運用成果を見るくらいで足りる。そして半年ごとに財産増減一括表に記載する時に運用実績を確認する。一つの商品を定点から見ると気づくことが多いので、投資先は変えずに投資金額も一定にした方がよい。個別株を買うのは、基礎練習が終わってからでもよいだろう。また実績の上がり下がり（得した場合、損した場合）を確認した時に、自分がどういう感情を抱くかによって、自らの投資に対する適性に気づくこともある。

当然ながら一発当てるということではなく、もちろん借金などはせずに、長い目で資産形成を行うことを忘れずに取り組むべきだろう。

また、節税効果のあるNISA、つみたてNISA、iDeCo（133頁参照）については、それぞれ特徴があるので、理解できるようになってから取り組めばよい。投資信託で練習するならネット証券を簡便に使うのもいいだろう。取り組んでいるうちに投資信託の信託報酬のコストなどについても理解できるようになる。

たとえば国内外の株式投資信託に投資してみると、アメリカ大統領の発言、為替レートや金利との関係、企業の決算発表の内容などについて興味や関心が広がることもメリットである。社会や経済についての理解が深まるのである。

私が投資市場や社会や政治の関係が学べたと思った一例を参考に紹介してみよう。

30代で初めて財務貸付の仕事に就いたのは、いわゆるバブル期のことだ。総合商社、外国銀行、リース会社などに対する資金貸付の仕事を担当した。

それまでは生命保険会社の営業所と本部の企画部門にいたので、財務関係については知識も経験もなかった。相手先企業の財務担当者と話をしても、初めはちんぷんかんぷんだった。しかし彼らは挨拶《あいさつ》言葉のように経済情勢や市場の金利や為替の動向を語った。

そこで大学ノートの左側の端に、日本経済新聞の毎日の市場の指標をずらっと並べて書き込んで、横に日付を入れてマス目を作った。そうして毎朝の始業前に、日経新聞から数値を一つ一つ機械的に転記していった。短期金利から長期金利、各国の株価、為替レート、債券相場、金価格、原油価格などである。ノートの罫線《けいせん》に沿って項目を書いたので、新聞をめくりながら全部で30以上の項目を毎日毎日転記した。

この作業を続けながら、先方の担当者と話していると、3か月もすれば、ばらばらだと思われた個々のマーケットの数値、たとえば金利、株価、金価格などとの間に関連性や連動があることが漠然と分かってくる。少しずつ全体感ができてくるのだ。

そうすると取引先の担当者が話している意味が理解できるようになるだけではなく、どの担当者がマーケットのことを本当に理解しているかが分かってきた。経済新聞に書かれている日銀総裁の発言や土地等の路線価の発表、為替レートの動き、日米の通商交渉などにも関心が広がった。こうなると日々のマーケット数値を転記しながら確認することが楽しくなってきた。これは現役の人には特におすすめである。

第5章　老後資金は収支で管理
――資産寿命をどう延ばすか

お金を使えるのは70代前半まで

古来、人々の最大の望みは長寿だったかもしれない。現在の日本ではそれを実現しつつある。厚生労働省のホームページにある「平成30年簡易生命表の概況」によると、60歳時点の平均余命は、男性は23・84歳、女性は29・04歳になっていて、現在60歳の人は男性で84歳前まで、女性は89歳まで平均で生きる計算になる。平均余命はその時点で死亡した人が半数になるタイミングなので、残りの半数の人はこの年齢を越えて生きることになる。

もちろんこれだけ長い寿命を得たことは歴史上はなかった。私たちは多くの自由時間を得た反面、生きている間の生活費を確保する必要が生じた。今後も寿命は延びることが予想されるので、男性の場合でも平均の84歳ではなく、90歳、95歳までも視野に入れた準備が求められる。まさに人生100年時代である。

東京大学高齢社会総合研究機構の秋山弘子《あきやまひろこ》特任研究員（東京大学名誉教授）は、「長寿時代の科学と社会の構想」という論文の中で、長年携わってきた全国高齢者調査の結果を紹介している。

この調査は、全国の60歳以上の男女を対象として二十数年にわたり加齢に伴う生活の変化をフォローしている。約6000人の高齢者が対象である。お風呂に入る、電話をかける、電車やバスに乗って出かけるといったごく普通の日常生活の動作を、人や器具の助けなしでできる、つまり自立して生活する能力の加齢に伴う変化の典型的なパターンを、男女別に示している。

これを見ると、概ね男女とも8割を超えた人が、ほぼ70代半ばまでは、他人の介助を受けずに自立して生活することができる。これは私自身の取材の実感とも合致している。65歳から74歳までのいわゆる前期高齢者と75歳以降の後期高齢者は、ライフステージが変わると言ってよいだろう。介助を受けながら生活することは、それまでとは明らかに一線が引かれるからだ。後期高齢者は他人の助けも借りながらどのようにして充実した毎日を過ごすかの新たな課題に直面する。実際の取材や自身の親の介護経験からも人が70代後半から新たなことに取り組むのは簡単ではないと何度か感じた。そして80代半ばを越えると、最期を見据えた対応が求められる。

そういう意味では、会社員のライフサイクルは60歳の定年後から74歳までと、75歳以降、それに最期を迎えるタイミングの3つに分けることが妥当である。

また60歳定年以降に25年、30年の時間があることを考えると、誰もがセカンドキャリアを持つことが当然の時代になっている。会社員だけでは人生は終わらないのである。

お金の観点から見れば、自己の裁量で自由にお金が使えるのが70代半ばまでと思い定めた方がよいと私は思っている。食べる量は減り、夜に外出して遊ぶこともできなくなるからだ。「いつまで生きるか分からない」と漠然とした不安を抱くのではなく、まずは70代半ばまでを充実して過ごすことを目標にして、それ以降のことは「その時になって考える」というスタンスで十分だろう。お金は使うことによって初めて価値を持つので、貯め込んでいる人よりも、積極的に行動してお金を使っている人の方が、イキイキした定年後を過ごしている。

現役の時は収入からその一部を貯蓄するという行動が普通だったものが、定年以降は収入も減少するので貯蓄の取り崩しも含めて自己のライフサイクルに応じてお金の収支を管理することが求められる。

しかしながら金融機関やFP（ファイナンシャル・プランナー）も、お金の貯め方や増やし方はいろいろアドバイスしてくれるが、定年後にどのようにお金と付き合えばよいのか、その使い方や管理の仕方についてはほとんど教えてくれない。本章では、主に定年後のお金の使い方や管理の仕方について考えることにしたい。

老後資産をいくら残す？

定年後の人たちに取材を繰り返していると、日々のお金の収支だけではなく、まとまったお金をどうするかの話もいくつか出てくる。たとえば相続で受け継いだ実家を売却したお金をどうするのかとか、自身の財産をどのようにして子どもや孫に残すのかといった話である。いくら残すかだけでなく、家屋・株・現金など、どういう形で継承すればよいかまで考えている人もいる。

話を聞いているうちに、70代半ばを越えた時に、自身の財産をどのように保有しておきたいかというスタンスが、定年後のお金の使い方にも影響することに気がついた。

たとえば、信託銀行の教育資金贈与信託に何人かが言及していた。30歳未満までの子・孫・曽孫《ひまご》を対象に、1人あたり1500万円を上限に教育資金向けの贈与に限って非課税になる商品のことで、2013年4月に導入された。相続税対策の意味合いもあって、口座の契約数は18年3月時点で約19万件に達している。信託銀行の行員に聞くとヒット商品になっているという。子どもにお金を譲ることには躊躇《ちゅうちょ》しても、孫や曽孫の教育資金には黙ってお金を贈与する人が多いそうだ。

家族にお金を残す余裕はなく、定年後に減少した収入をやりくりして日々過ごすことが最大の目標だという人ももちろんいる。若い時からの30年の貯蓄スタイルが蓄積した差になるので、高齢化するほど保有する資産の格差は大きくなる。

また、子どもや孫に財産を残すことを語る人がいる一方で、「貯めたお金は、子どもたちには残さずにすべて使い切る」と断言するN氏もいた。

彼は次男であるが、全国各地への転勤が多い会社員だったので、実家の父母の面倒はすべて一緒に住む長男である兄が見ていた。そして父母が高齢になった頃に自宅の不動産や貯金のほとんどが長男に贈与されていたことを知った。それをめぐって長男と次男のN氏、長女との3人で激しく揉めて、それぞれの配偶者も巻き込んで大変なバトルになった。感情的なもつれも加わって気の休まることがなかったという。N氏は法定相続人に認められている遺留分の権利も受け取ることができなかったそうだ。当初は裁判に訴えることも考えたが、妻がもうこれ以上関わりたくないというので手を引いたという。

N氏はこれに懲《こ》りて、子どもたちには一切財産を残さないことを宣言し、貯めた資産は使い切ると決めているそうだ。もし余ればしかるべき団体に寄付をするつもりだ、と本気で言っている。彼の話を聞いていて、同じ会社員でも貯めたお金を使うスタンスにはこれほど違いがあるのかと驚いた。

会社をリタイア後にどのような生活を送り、どのようなお金の使い方をするのかは、自身の最期のタイミングで資産をどのようにしておきたいのかのスタンスにも関わってくる。

たとえば、現役を引退した65歳の時に退職金を含めて3000万円の資産があった時に、さらにその資産を増やして子孫に継承させたいと思うのか、この金額の半分を残せば十分と考えるのか、自分で貯めたお金なのですべてを使い切り、亡くなった時にプラスマイナスゼロにするのが理想だと考えるのか。

簡単には割り切って決めることはできないだろうが、これらのスタンスの違いによって、定年後のお金の使い方や投資の内容、たとえばリスク性資産をどの程度、どういう内容で保有するかも違ってくる。自分の生活が過ごせればよいと考えるならば、すべてを現金や銀行の預貯金などの非リスク性資産で持つという選択もあるだろう。

それでは定年前後の収入と支出について考えてみることにしたい。

収入は3段階で減少

定年前後の会社員の収入を考えてみると、会社によっても異なるが、人事運用の基本パターンとしては、55歳あたりで役職定年などによって給与が2～3割は減少する会社が少なくない。役職定年制度を持っていなくても、後輩社員の昇格によってスタッフ職に移行して給与が減少する社員は多い。日本企業の給与水準の決め方には生活保障的な考え方が背景にあるので、子どもの扶養義務の軽くなり始めるこのあたりのタイミングを給与のピークにしている。

取材をしていると、この役職定年にあたる55歳前後は、同時に会社員の一つの節目と感じることがある。社内での自分の立場もはっきり分かり、家庭では子どもが独立して、住宅ローンの返済にも目処がつく頃である。教育費に一段落がついて家計にも少し余裕ができる人が多いので、先のことを考える機会になっている。

多くの企業は60歳定年を採用しているので、このタイミングで給与はまたガクンと減少する。雇用延長を選択すると50代前半の5〜7割になる会社もあれば、給与水準の高い会社では3割程度になる社員もいる。定年退職して新たな仕事に取り組み、収入が増える人もいるが全体としては少数派である。収入という意味では、定年時点でまとまった金額の退職金が入る。

そして65歳になれば、雇用延長の期間も終了して、今まで勤めた会社以外の働く場所を探す必要が出てくる。会社員は50代前半の給与から、役職定年、定年、雇用延長終了時の3段階に分けて給与が減少すると考えておくべきだ。

雇用延長が終了して65歳になれば、公的年金の満額支給が始まる。それまでに日本年金機構から毎年誕生日に送られてくる「ねんきん定期便」の内容を確認しておくべきだ。特に50歳以上では、年金見込額が示されるので頭に入れておくとよいだろう。登録すればインターネットでも確認できる。また内容に疑問があれば、社会保険事務所では各種の相談に乗ってくれる。私も60歳の定年退職時と65歳の受給資格ができた時に、予約を取って妻とともに相談に出向いた。ただ、この公的年金だけの範囲内で生活することは難しい。

先述のように60歳時点の平均余命から、男性で84歳まで、女性は89歳まで生きる計算になることから考えると、経済的に65歳以降も働かなければならない人は少なくないだろう。まだ20年以上もあるからだ。

財産増減一括表で、現在の正味財産では長い老後の資金が十分でないと判断すれば、早いうちから対策に取り掛かる必要がある。採用できる選択肢はそれほど多くはないが、①貯蓄を今までよりも積み上げる、②働く期間の延長を検討する（たとえば、定年後、雇用延長後も働くことを前提にそのための準備をする）、③公的年金の繰り下げ受給を選択して老後の年金額を増やす、などだ。

65歳以降になると生活費の柱は年金になる人が増えるが、元気で意欲があれば70代で働くことも考慮に入れるべきだろう。

2019年8月に、厚生労働省は「年金の財政検証」を発表して、制度の持続性や健全性の検証を行っている。従来から現役世代の収入の何割を年金で賄うことができるかという「所得代替率」という概念が重要とされているが、これだけ寿命が延びているなかでは、厚生労働省の説明も「所得代替率」に比重がかかりすぎている印象だ。むしろ現役の時との比較よりも、いくら年金を受け取ることができるのか、いつまで働くか、働くことができるかがポイントになってくる。

また、働けば社会とのつながりを絶やさないですむ。おまけに健康も確保できる。やはり健康で過ごせる時間が大切だという意味では健康寿命がポイントになるだろう。野菜中心の食事を心がけて、スポーツクラブで定期的に運動をして、酒や煙草《たばこ》を控えて、健康診断や人間ドックを怠りなく受診する取り組みも有効だろうが、私が講演や研修の中で出会う健康寿命の長そうな人は、少しイメージが異なる。

現役時代に培った営業のスキルを使いながら、定年後も企業数社から営業代行の仕事を引き受けて毎日顧客先を飛び回っている70代の男性、地域の子どもたちに身の周りの物を使った工作を教えるボランティアにいそしむ70代後半の女性などが頭に浮かぶ。

彼らは、健康を維持するために対応策を打っているというよりも、70歳を越えても自分の興味・関心のあることに充実感を持って取り組んでいる。彼らを見ていると、健康な人とは、健康のことを考えない人だと思えるのである。

労働市場が未成熟

かつて、雇用延長を選択せずに60歳で定年退職した人たちに取材していた時期がある。

O氏は大手企業の管理部門を中心にいろいろな仕事を経験して、部長職を最後に関連団体の役員に出向。管理能力や実務力の高さは自他ともに認める人物だ。彼は退職後、再就職のためにハローワークや人材会社に履歴書をせっせと書いて送った。しかし全く相手にされず、一度も面接までたどり着けなかったそうだ。

結局、O氏は役所の関連団体の契約社員として比較的専門性の高い仕事に就いている。ネットを通じて見つけたそうだ。週に3日の勤務で時給は一般よりは恵まれているが、彼自身はもっと骨のある仕事を今も求めている。

P氏も再就職ではかなり苦労した。ハローワークでは現場での仕事はあっても、会社員当時の経験を活かせる仕事は見つからなかったので、友人や知人などにも声をかけまくった。結果として会社の先輩の紹介で過去の仕事を活かせるパート事務の仕事に就いた。決まったのは半年間の失業保険の受給が終了する直前だったという。

60歳以降の高齢者雇用の課題は、オープンな労働市場がないという点である。新卒の時は、会社説明会や企業訪問など、マッチングの機会はたくさんあるが、元気で意欲ある60歳が今までの経験や知恵を社会で発揮できる場を探すことは簡単ではない。従来は企業内で定年まで働くことが中心だったので、外部のオープンな労働市場が育っていないのである。

しかし寿命の急激な延びは、そこに新たな需要を生み出すことになるだろう。

定年や雇用延長を70歳まで引き延ばすことは現実には難しい会社が多いはずだ。また社員にとってもそれが幸せかどうかは分からない。むしろ、働きたい人はその能力や意欲に応じて新たな働く場を選択できることが重要なのである。

60歳を越えれば、個々人の健康状態や、持っている経験やスキルも多様だ。中高年の働く能力をきちんと見極める目を持ち、彼らが働くことができる場を用意できる人材紹介会社には新たなチャンスが生まれる。この分野の需要は今後は確実に広がるので、多様な会社が参入してこの課題を解決することを期待したいところだ。

一つのポイントは会社内の制度と外部労働市場を結びつけることだろう。高齢者のオープンな労働市場が整備されることが、70歳までの就業機会確保に必要なのである。ひいてはそれが、老後の不安を軽減することにつながり、生涯現役を目指す人にとっては本当の意味での社会的基盤になるのである。

やはり財産増減一括表が役立つ

取材から感じるのは、定年退職前後の支出については、やはり個々人の生活によって相当異なっている。ばらつきが大きいのだ。そのため、調査機関がまとめた夫婦の平均支出額をもとに自分の家計生活に当てはめて考えることには無理がある。同じ会社の同じ役職の同じ年齢の男性でも、自分の腕時計に数十万円の金額を投じて購入する人もいれば、1万円以下の時計で満足している人もいる。

それでは退職後の支出を規定している最大の要因は何だろうか？

定年退職した直後の人に聞いてみると、やはり定年時点の家計支出額が大きいと思われる。会社員の多くが自らの給与額を前提にしたライフスタイルを確立していて、家族の扶養義務や教育費の有無、住宅ローンの抱え方、趣味などが支出を規定している。

私が40代後半で会社を長期に休職して役職を外れた時に、給与がいきなり半分以下になった。その時に気がついたのは、会社員は収入が増加した分、それに比例して支出も膨らんでいるのだということだ。そのためいきなり収入が半分になっても支出をすぐには圧縮することはできない。収入額に合わせた支出スタイルが出来上がっているからである。

最大公約数的には、定年退職時以降の支出は、現役最後の時点の支出額に規定されているといってもよいかもしれない。統計数値やアンケートなどによる一般論ではなく、各個人が自らの家計の状況を把握しておく必要がある。やはり財産増減一括表が必要なのである。

先述のように取材の中では、公的年金と貯蓄を取り崩していけば大丈夫だと分かっていても、残高が減少していく銀行通帳を見ると不安になるという定年退職者もいた。また自分の父親が厚生年金の受取額から必ず2割を貯金しているのを見て、もっとお金を使えばいいのにと思っている現役会社員もいた。

退職後の生活では、収入が減少して支出の方が多くなりがちなので、どうしてもあまり使いすぎないようにとセーブする人は少なくないようだ。現役の時の定額収入の一部を貯金するという生活スタイルから簡単に抜け出せていないとも言える。これらも、まずは自らの財産の現状を押さえておけば、必要以上の節約に走る必要はないのである。

数年前まで顧客に毎月分配金を支払う「毎月分配型」の投資信託が人気だったが、最近は銀行や証券会社が販売を自粛するようになった。金融庁が「顧客のためになる金融商品なのか」と問題視したこともある。手数料や信託報酬が高いファンドが多いことも問題だったが、利益が出ていない時でも元本を払い戻して高分配を維持していたことが顧客に理解されていなかったことが一番の理由だ。

この商品が売れた一つのポイントは、毎月定額のお金が入るので家計支出の不足分を埋めることができるということだ。受け取る年金だけでは生活費を賄いきれずに資産を取り崩す必要がある場合、その不足分をこの毎月の分配金で補塡することができる。貯金通帳から自ら引き出して残高が減るのを見るのが嫌なことに加えて、分配金を支出額に加えれば一応コントロールできるからだろう。こうしたニーズは今でもある。

私も定年退職後に61歳から厚生年金の比例部分を受け取り始めたが、年金は2か月に1度、偶数月に入るので、退職金の年金化した分は奇数月に振り込んでくれたら管理しやすいと思ったことを覚えている。

しかし毎月定期収入を得たいと思えば、保有している金融商品を部分的に解約すれば大丈夫なのである。毎月分配型を選択しているのは、もともとの家計の収支管理が十分ではなく、なんとか銀行の預金通帳上で帳尻をつけようとするからである。蓄えてきた金融資産を収支とともに管理すれば、何も一定額が振り込まれる商品に頼らなくても大丈夫である。

定年後に家計の管理を自ら行っている人の話を聞くと、そのやり方は人によって異なっている。毎月の収入と支出の額を見て、まだ貯蓄と退職金が残っているからしばらくは大丈夫と、漠然と頭の中で管理している人が多い。なかには、銀行の預金通帳を使って毎日の残高を見ながら日々の管理をしているという人もいた。私は半年ごとにチェックすることで足りると考えている。また転居などで生活環境が変わることや、夫が先立って年金額がかなり減少しても、財産全体を管理していれば特に不安を抱く必要はない。ここでも財産増減一括表は役に立つのである。

収入と支出を両方管理

長寿化の時代は、当然ながら従来よりも多くのお金を使うことは間違いない。また特に定年後になると現役の時に比べて収入が減少する。一般には会社を退職すれば、今までの資産を取り崩しながら日々の生活を送る人が多いだろう。現役の時とはお金との向き合い方が変わるので、不安な気持ちになるのも当然ではある。しかし今までよりも長く働くことができるのも事実であり、自らの家計を管理しながら生活することをそれほど否定的に捉えなくてもよいと考える。

サラリーマンからコンサルタントに転じた人は、独立して一番嬉しいことは、収入と支出とを両方コントロールできることだと言う。つまりそれまでは、妻に給与を渡してそこから小遣いを受け取っていたが、自分で収入も支出も管理して妻に生活費を渡す立場になって大いにやる気が出てきたそうだ。収入が増えたことや会社員の時よりも自由度が増したことよりも嬉しい、と言っていたのが印象的だった。

その理由を聞いてみると、それまでは小遣いをどう使うかということしか考えなかったが、独立すれば出と入りの両方を管理するので、今月たくさんお金を使ったと思えば来月は少し節約しようか、または今まで以上に稼ごうなど、自分の裁量でコントロールできることが楽しいという。毎月の収入を頭に描いて支出を自分でコントロールする。収入が現役の時より減少していても生活にメリハリをつけていくのだと考えればよい。収支が厳しければ家族旅行を今年は取りやめにするとか、運用で稼げれば奮発して海外旅行にしてもよいのである。

ここでも財産増減一括表を半年ごとに作成していけば収支管理も自動的にできるのである。定年前と定年後も基本的には変わらない。ただ定年前では概ね財産が積み増すというか増加しているのが一般であるが、定年後は増減の数値がマイナスを表す▲印が増えるのが特徴である。資産全体も下り坂になるので、減少額（取り崩し）にも視点を向けなければならない。この収支を見ながら自らのお金の使い方を検討する。取材の中で気がつくのは、自分の楽しみにお金を使えるのは、自立して動ける70代前半ぐらいまでだということだ。

定年前後では財産増減一括表の記載の仕方も特に違いはないが、収入では退職金と年金の処理が関わってくる。退職金を一時金でもらうか、年金の形でもらうかを選択できる会社が多い。税制上、退職金については、長年の勤労に対する報償的給与として一時に支払われるものなので、比較的有利な退職所得控除を設けたり、他の所得と分離して課税されるなど、税負担が軽くなるよう配慮されている。このため退職所得控除を有効に使うことは当然である。実際には一時金で受け取る人が圧倒的に多い。確定拠出年金についても新規受給者の9

割が一時金で受け取っている。また退職金とは別に企業年金を受け取る人もいるだろう。

財産増減一括表には、一時金で受け取る時には銀行預金などに入金されるので今までと同じ記載でよい。年金形式で退職金を受け取る場合や企業年金を10年などの一定期間や終身で受け取る場合があるが、いずれにしても年金の積立金額を確認して、その額を財産増減一括表の資産の項目に「年金の積立金」として挙げることだ。そして毎年年金額を受け取るたびに、その積立金から受け取った年金額を差し引いていけばよい。そうすれば企業年金や個人年金も含めたすべての財産管理ができることになる。

60歳で定年退職した場合や、65歳で雇用延長期間が満了すると定期的な収入がなくなる。この時に半年ごとの正味財産の増減額を見て資産残高と見比べれば「収入がなくてもあと何年くらいはもちそうだ」などと今後の見通しがつけやすくなる。

また、公的年金が65歳から終身で受け取ることができるようになる。毎月たとえば20万円を受け取るとすると、家計の生活費が30万円だとすれば、毎月10万円を取り崩すことになる。家計の資産が十分でないと判断すればそれ以降も働くことが必要だ。高齢になって働くのをやめた時にも、この財産増減一括表を作成していれば家計全体の資産状況や半年ごとの収支額も確認できるので有効である。

資産を取り崩す

定年後のお金の「使い方」は、どのように資産を取り崩していくのかと、お金をどのようにうまく使っていくかの2つの課題がある。前者では、まずはお金をうまく管理して資産寿命をどう延ばすかがポイントになる。

金融庁は、2019年6月に「高齢化社会における資産形成・管理」として、金融審議会でその考え方を示した。働き盛りの現役期、定年退職前後、高齢期の3つの時期ごとに、資産寿命の延ばし方の心構えを指摘している。ここでも資産寿命を延ばす行動は、①積み立て投資などの活用、②長く働くこと、③計画的な資産取り崩し、必要に応じて運用も継続、と書いている。やはり対応策としてはそれほど多くはない。

余談になるが、この報告書では、収入が公的年金だけの無職高齢夫婦（夫65歳以上、妻60歳以上）だと、家計収支は平均で月約5万円の赤字。蓄えを取り崩しながら20～30年生きるとすれば、現状でも1300万～2000万円が必要になると指摘した。これが、世に言う「2000万円問題」としてマスコミなどで大きくクローズアップされた。特に問題のある指摘ではなく、現役の時から長期・分散・積み立て投資を呼びかけた内容だった。また2000万円という金額が独り歩きしたが、2000万円を今すぐ用意しなければならないということではなくて、30年間で2000万円が不足すると指摘したものでそれほど間違ったことを言っているわけではない。資産寿命を延ばす点を強調したかったのだろう。

この報告書では、定年退職者のほぼ半数は、退職時点か直前まで自分の退職金額を分かっていないと書いている。家計管理の観点を持っていない人がやはり少なくない。繰り返しになるが、まずは財産増減一括表でお金の管理を始めることが第一歩である。

第3章でも示した固定費の見直しも有効であろう。使用している携帯電話やタブレットを簡易なものに切り替えて年間20万円ほどの節約に成功したという人もいれば、駅まで歩いて行けるマンションに住んでいるので自家用車を処分するとともに駐車場も解約して必要な時はタクシーを呼ぶことにした人もいる。それでも特に不便はなく、改めて車を使っていなかった自分に気がついたそうだ。駐車場代を合わせると年間30万円ほどの節約になっていると語っている。

自分の親を看取った時に、家族葬だったので葬儀費用もあまりかからないことに気がついた。そのため葬儀費用に充てるつもりで加入していた終身保険を解約して、生きている間に使うことにしたという人もいる。これも家計の見直しだと言えるだろう。

公的年金には66歳以降に繰り下げて受け取ると、その期間に応じて年金額が増える仕組みがある。金額は1か月繰り下げるごとに0・7％増える。1年遅らせれば8・4％増、70歳まで待てば42％増になる計算だ。65歳以降も働いている人には十分考慮できる制度である。

年金という意味では、寿命が延びた長生きの不安に対応するという意味で、「トンチン年金」のことを語る人もいた。これは長生きすればするほど、一生涯の受取額が増える仕組みの年金である。現在では、早く亡くなっても一定額の保証額を受け取ることができる商品が発売されているが、早く死亡すればその時点で支給打ち切りになるとして、とにかく長く生きた人には、受取額が大きく増える商品を期待していると語る人もいた。

住まいの見直しも

定年前後の会社員を取材すると、資産寿命を延ばすために工夫している例も見られる。一つは住まいの見直しである。

会社生活を引退したことを契機に都心部から地方に移り住む人もいる。都心から地方の県庁所在地の隣にある故郷に戻った杉本氏（仮名）の話を現地で2回ほど聞いたことがある。やはり生活費が安い。そもそも所得の水準が東京や大阪とは違うが、少ない収入に合わせた生活が可能だということを改めて感じるそうだ。移住してから4年後に訪ねたが、満額出るようになった公的年金と在職中に積み立てた個人年金がいずれも終身なので、その範囲内の生活費で過ごすことが可能だそうだ。

高校時代までの友人も周りにいるので改めて同級生などと話すことが多く、地元であれば土地勘もあって人間関係も結びやすい。長い間地元を離れていたので、昔の友人と付き合うこともかえって新鮮で、わずらわしさもそれほど感じないそうだ。

ちょうどその時に、退職後の生活費をいかに減らすかについて書かれた定年本の一節を思い出した。そこでは、東京や大阪といった大都市から地方都市に移住することを勧めていた。生活水準を下げずに、物価の安い地方都市に住むことで生活費水準を下げることはできると主張していた。

生活費を減らすためにわざわざ住まいを移すという考え方には若干抵抗があった。その内容を読んで地方都市の駅前のタワーマンションを訪問してみた。県庁所在地の駅前に立っていて、レストランや買い物ができる場所はもちろん、医療機関や老人ホーム、デイサービスも同じ高層ビルの中に入っている。エレベーターだけですべて移動できるのだ。屋上からは市内が一望できる見晴らしのよい展望台もあった。しかし高齢になってこのタワーマンションにいきなり入居しても心地よく過ごせるイメージは湧かなかった。ところが杉本氏の話も加えて考えてみると、ここが生まれた故郷であれば十分にありだと感じた。

私は神戸で生まれて、京都、大阪、名古屋、東京を転勤などで回った後に、地元神戸で仕事をしている。若い時は何も感じなかったが、最近は生まれ育った地域を歩くだけで嬉しい自分がいる。阪神・淡路《あわじ》大震災で町並みは変わってしまったが、それでも何人かの小学校や中学当時の友人と語らう機会がある。「バカ話さえできれば、もうそれだけでOKだな」と互いに笑いながら食事をしている。

また高校時代の友人Q君はかなり以前から「みんな神戸に帰ってこいや」と言い続けている。同級生たちも現役の時は「アイツ何言うてるんや」「神戸に帰って俺たちはどう暮らすんだ」という受け止め方であったが、みんなが還暦を過ぎて現役から退くと、彼の発言が力を持ち始めた。やはり定年後、故郷に戻るという選択はあるのだ。

故郷までいかなくても、若い時に購入した郊外の一戸建てを売却して都心部に近い小ぶりのマンションに引っ越す例もある。子どもが独立すると大きなスペースは必要でなくなることから便利な場所に変わるのだ。資産寿命を必ずしも延ばすとは限らないが、一戸建てだと年数が経つと修繕やリフォームにかかる費用がバカにならないので、小さなマンションで機能的に暮らすのがよいという人は少なくない。

神戸の都心あたりの不動産仲介業者に聞いてみると、高齢になって一戸建てからマンションに移り住む例は多くて、取り扱い件数の2割程度はあるという。

住まいで言えば、将来の親の介護と経済的な節約の意味からも、定年後に親の家に転居する例もある。若い時からずっと親と一緒に住んでいるシングルの人も多くなっている。必ずしも購入か賃貸かだけの選択ではなく、親の家に住むという判断もあるのだ。また、高齢になってから自宅を担保に入れて、自分は住みながら銀行からお金を借りるという仕組みのリバースモーゲージもある。借入金は一般の返済のほか、自宅の売却や死んだ時には一括返済になる。持ち家の資産を活かしてセカンドライフを充実させようとするローンである。

「使い方」指南は儲からない

かなり以前になるが、受け取る公的年金を利用して海外に移住することを紹介しているテレビ番組があった。当時はそういうことがマスコミにもよく取り上げられていた。個人的には、健康問題や医療体制がまず気になるし、面倒なことや危険なことは旅行社が対応してくれるツアーとは違って、実際には不便なこと、言語や文化的なギャップ、現地での人間関係などを考えると、いくら物価が安いといっても触手を伸ばす気にはならない。

ただこの時に興味を惹かれたのが、海外移住専門の女性のＦＰ（ファイナンシャル・プランナー）がいたことである。彼女は海外移住について必要な費用などのお金の相談に乗るだけではなく、各国の医療事情や実際の生活の課題点などを相談者に対して的確にアドバイスしている様子だった。つまりお金の問題だけではなく、生活面の過ごし方、有効なお金の使い方までアドバイスしていた。

彼女は若い時からバックパッカーの経験があって、東南アジアなどの移住先の国の事情に詳しい。そのため、現地での生活やお金の使い方までカバーできるとのことだった。

それを見ていた時に、日本の金融機関や保険会社は、お金の使い方までアドバイスすることはほとんどないことに気がついた。逆に言えば、お金の「貯め方」や「増やし方」は自らの商売に直結しているが、お金の「使い方」をいくらアドバイスしても金融機関の商品やサービスを売ることと関係しないだけでなく、お金の支出が増えれば金融機関における自分の成績を下げることにもつながるからだ。

お金の使い方に立ち入らないのは、大半のFPにとっても変わらないだろう。保険や投資信託の販売のように手数料を稼ぐことはできない。定年後のお金の管理やお金の使い方については、やはり自分で検討する必要がある。自分の資産を管理して「人生を楽しむためにお金を使う」という姿勢に立つのである。逆にお金の使い方を専門とするFPが登場すると、先ほどの人のように人気が出るかもしれない。

138〜139頁で「うまい話は信用するな」と語るサッカーの三浦知良選手の話を紹介したが、同時に彼は「生きたカネを使え」とも教えられたと言い、社交に一晩に何十万円も費やしても、そこでの時間や人間関係がより高い価値に転じることがあるという。思い返せば、人付き合いに関して「使いすぎた」と悔やむ出費は不思議と少ないと語っている。お金の使い方は、貯めたり増やしたりするよりも難しいと言えるかもしれない。

貯め方と使い方は一体

市役所の市民課長である主人公は、早くに妻を亡くし男手一つで息子を育てあげて、息子夫婦と同居している。その後、彼は胃ガンで自分の人生があと半年であることを知る。息子に自分の病気を打ち明けられない主人公は、自分は何のために生きてきたのかと生涯を振り返り、意味あることを何もしていないことに気づく。

大金をおろして夜の街をさまようもお金の使い道が分からない。彼は30年間無欠勤で真面《まじ》目《め》一筋に勤めて自分のお金で酒を飲んだことすらなかった。たまたま居酒屋で売れない小説家に出会う。小説家は主人公に興味を持って、〝人生の楽しみを教えてやろう〟と、主人公とともにダンスホールなどの盛り場を2人で何軒もはしごする。しかし主人公の気持ちは一向に晴れず虚《むな》しさばかりが募る。黒澤《くろさわ》明《あきら》監督の映画「生きる」（１９５２年公開）の前半部分である。

プロローグで、比較的多額の退職金や年金を受け取っているにもかかわらず、自分の楽しみのためにお金を使っているイメージが湧かない人が少なくないという実感を述べた。

寿命が延びたことで将来の備えに対して不安を抱くことや、子どもや孫たちに財産を残したい気持ちも理解できる。現役時代に比べて収入が減少し、家計資産の取り崩し段階に入っている人も少なくないので、お金を使うことに消極的になるのだろう。

一方で、現役を退くと膨大な自由時間を手に入れることができる時代になった。一定の条件で計算すると、60歳以降はそれまでの総労働時間よりも長い自由時間を持つことができる。戦後一貫して寿命が延びてきたからだ。

この自由時間は、現在生きている私たちに対する貴重な「贈り物」以外の何物でもない。ほんの一世代前では考えられなかった第二の人生を手にすることができるようになった。このセカンドライフという新たな舞台に上がって充実した人生の後半戦を送りたいものである。そういう意味では、人生設計においてどのようなお金の使い方をするのかを本気で再検討する必要がある。決して傍観者にならず、人生の主役になって楽しむべきだ。

今まで述べてきたお金に対する疑問や管理の手法、固定費の節減、資産運用などは、お金を有意義に使うための基礎的部分だと言えよう。不安を払拭するためだけに、お金のことを考えていたのなら、映画「生きる」の主人公が直面したように、苦労して働いて貯めたお金を使わないまま死んでしまうリスクがあることを肝に銘じるべきだ。

定年前後の人たちに取材をしていると、定年前にはお金のことをいろいろ計算したり、老後不安について語る人が多いが、退職後にはお金のことを語る人が少なくなる。一つは、口に出してもお金が増えることはないので諦めていることもあるだろう。

しかし私が感じるのは、現役の時にはお金のことを意識面だけで考えているが、実際に退職して現実の生活に入ると、お金は大事であってもそれだけではないということが身をもって分かるからではないだろうか。

意識よりも体で、自分が生きていることを感じ取っているのだ。生活の中では痛みや苦しさもあるが、おいしいと感じたり気持ちがよかったりすることもある。現役の時は意識面で考えているのでお金の貯め方や増やし方が中心になるが、実際の生活ではそれ以外のことがクローズアップされる。お金の貯め方や増やし方は、本来はお金の使い方とセットになった一対のものである。お金の機能は交換価値であるからだ。お金を貯めただけではなく、使って初めてお金になる。両者のバランスが重要である。

小売りの商売をしている商店主は、会社員ほど老後資金の不安について語らない。私の周りのフリーランスの人たちもそうだ。お金の貯め方や増やし方を議論しているだけでは、本当の意味の生活には役立たないのではないかと私は考えている。

投資や資産を守ることについては、若いうちから経験を積み、事前の練習が必要なことはすでに述べた。お金の使い方についても同様で、定年後いきなり始めるのではなく、現役の時からトレーニングしておくことが肝要である。

身銭を切る

子ども時代はお金を使うことに意識が向いていた。私の小学生低学年の頃は、何色セットの色鉛筆を持っているかを気にしていた時期もあった。6色、12色、24色、36色と級友が何色を持っているかが、おのおのの家庭の豊かさがそこに出ていたと当時は感じていた。また、裕福な家庭の子どもが持っていたおもちゃのレーシングカーが買えなくて悔しい思いをしたこともあった。

一方で、会社員はいくら稼ぐかということには執着するが、お金を使う方がなおざりになっている人が多い。会社員は会社のお金、すなわち他人のお金で過ごしているという現実がある。営業で自社の製品を取引先に売り込む時にも、新たな商品やサービスを企画する際にも、会社のお金を軸として考えている。得意先に対して飲食の接待をする時も出張の経費も、基本は会社のお金である。

また毎月の給与はほぼ定額なので、その枠組みの中にとらわれて発想しがちである。出張の時には、与えられた日当の枠内で支出を考える。おまけに自分の税金や厚生年金、健康保険などの手続きも丸抱えで会社に世話になっている。そのため知らず知らずの間に会社の枠組みのなかに埋没してしまいがちになる。

ある編集者は「フリーランスは、研究所の研究員や大学教授などの定期収入がある人に比べて、文言の直しや発売時期などへのこだわりが強く、すべてに対してシビアだ」と発言していた。彼によると、組織に所属している人はお金に対する意識も甘いという。

ある優秀な保険コンサルタントによると、個人事業主は収入と支出を両天秤《りょうてんびん》にかけて検討するから保険契約もなかなか決まらない。それに比べると会社員は、保険料の額が払える範囲内だと確認するとすんなり決める人が多いそうだ。

私から見ても、会社員は「収入は定額だ」というライフスタイルが身についているからか、お金に対する姿勢が甘くなりがちだ。また自分自身に対する新規投資や先行投資にもそれほど積極的ではない。

会社員はもっと自己の成長にお金をかけ、身銭を切るべきであろう。そうするとお金に対する感度が上がってくる。当時上智大学教授だった渡部昇一《わたなべしょういち》氏は、その著書『知的生活の方法』の中で、「凡人の場合、身銭を切るということが、判断力を確実に向上させるよい方法になる」と述べている。

また、会社の経費か自己負担すべき経費かがはっきりしない時に、身銭を切れば周囲の信頼も得ることができる。

私が法人営業の仕事をしていた若手社員の頃、上司だった水江課長（仮名）は、会社の経費かどうか微妙な場面でも必ず自分の財布からお金を出していた。当時はバブル期だったので、会社も経費の使い方についてそれほどうるさくなかったのにだ。

常に公私のけじめをつけることができる水江課長のことを悪く言う人はいなかった。逆にいつも「これくらいは」という気持ちで経費を使っている管理職は、部下たちからもバカにされる。お金の使い方は人の評価や評判に大きく関係するということを思い知った。水江課長自身の損益計算書は十分黒字だったのではないか、と同僚と話していたものだ。

身銭を切れば周囲の信頼を得るというおまけもついてくる。華僑《かきょう》の世界では、他人におごったお金は消えるのではなく、おごった相手の財布に移動するという考え方があるそうだ。「金は天下の回りもの」というが、どんどん人を助けてあげればいい。それはいわば、世の中や他人に対して貯金する行為と言えるかもしれない。会社の経費を使えて少しは得した気分になっていても、本当は大きな借財を抱えているのかもしれない。

「もう一人の自分」

これからの中高年会社員の働き方の一つのモデルは、「もう一人の自分」を創るということになるだろう。これが唯一の働き方だとまで主張するつもりはないが、取材から見て比較的有効な働き方であると考えている。

社会とのつながりという観点で見ると、個人事業主や会社は、商品やサービスを提供して、その対価を得ながら社会と直接つながっている。これに対して会社員は、会社の中で分業制を前提に働いているので、会社を通して社会と間接的につながっているのが特徴である。そのため定年退職やリストラによって会社という枠組みがなくなると、途端に社会とのつながりを失うことになりかねない。

これに対応するために会社に勤めながら、「もう一人の自分」を創ることが求められる。そうすれば、会社の枠組みがたとえなくなっても、「もう一人の自分」が社会とつながっていれば、それほど戸惑うことはない。

この「もう一人の自分」を創ることが、効果的なお金の使い方にもつながる。「もう一人の自分」と言うと、働き方改革でも論じられている副業をイメージする人があるかもしれない。しかし取材から見ると、もっと幅広いものである。将来の独立に向けて準備をする人、趣味に没頭している人、ボランティアや地域活動に意味を見出している人、学び直しをしている人など多様である。やや特殊な例だが、週に3日働きながら博士論文を書いている人もいる。ポイントはとにかく自分の個性に合ったものに取り組むことだ。この「もう一人の自分」を育てるには一定の時間が必要だが、50代になっても十分間に合うというのが実感だ。長寿化の時代には、さまざまな立場で、さまざまな経験をしていることが役に立ってくる。サラリーマン一本では乗り切れない。

「仕事に注力する自分」「仕事以外の関心あることに取り組む自分」「家族や友人を大切にする自分」など、多様な自分を持って、どのように仕事と生活の好循環を生み出すかが大切なのである。

このようにもう一人の自分が育ってくると、会社員の自分もイキイキできるようになる。右手の「もう一人の自分」が回れば左手の「会社員の自分」も回り、逆に左手が回れば右手も回る。両手は体でつながっていて簡単に分離できないからだ。

もちろん「もう一人の自分」を創るためには、一定の資金が必要である。将来に向けて資格を取得する、地域活動、ボランティア、学び直しなど、人は動けば必ずお金を使うからだ。しかしそのお金は、自分の思いに合致したものであればあるほど必ず活きたものになる。お金を貯めることやモノを集めることに一生懸命になるのではなく、さまざまな経験を積んで自分の個性に合ったものに取り組んでいる人は、お金の使い方にも満足している。私の言葉で言えば、「いい顔」になるのである。

そして使うお金もそれほど多額にはならないというのが取材してきた私の実感である。大切なのは自分に合った「もう一人の自分」を見つけることであって、お金の使い方は後からついてくるものだ。「いい顔」は、必要以上に倹約したり、貯め込もうとする姿勢からは生まれないのである。

第6章　お金を有効に使う
――人間関係に投じる

お金と生きがい

先述の通り、お金の貯め方・増やし方の議論はたくさんあるが、お金の使い方の話はあまり論じられていない。使い方は各人の個別性が強く、一般化しにくいからだろう。

また金融機関やＦＰ（ファイナンシャル・プランナー）の人たちも、貯め方・増やし方は、自らの成績を高めたり、収入を増やしたりすることに直結するが、使い方をアドバイスしても儲からないことも一因だろう。

ただ、貯める、増やすことに言及しているだけでは、お金全体を論じたことにはならない。実生活でもそれほど役に立たないと私は考えている。お金を貯める・増やすは、所詮《しょせん》は「お金はお金」「お金でお金を買う」なのであって、お金を通じて人間関係をつくることや、自らの感動や楽しみに変換させることが大切だと考えている。お金は本来、交換価値が本質だからである。

言葉を換えれば、定年後のお金をどのように考えるのか、定年後どのように働くのか、遊ぶのか、居場所や生きがいをどこに見出すのか。これらは切っても切れない関係にある。お金を稼ぐことは、社会に必要とされている証《あかし》であり、使うことは社会に何かを還元する行為である。この2つがあって初めて社会とつながるのだ。そしてそのことが確認できれば、生きる意味も感じられる。

定年退職者に話を聞いてきた立場から見ると、定年後の生きがいを支える大切な手段の一つはお金である。しかしそれは目的ではない。

お金と生きがいとの関係をテーマにした小説もある。『老後の資金がありません』（垣谷美《かきやみ》雨《う》著）では、老後の生活に備えて貯金をしてきた中年夫婦の家庭に、突然お金の問題が相次いで降りかかってくる。主人公の娘が派手な結婚式を予定しており、なんと600万円もかかる。そうした折に夫の父が亡くなり、葬式代とともに姑《しゅうとめ》の生活費の負担が新たに発生する。さらには夫婦ともにリストラで職を失うことも重なり、主人公の女性が準備していた1200万円の老後資金はどんどん減ってくる。

高額な老人ホームに入っていた姑は、主人公夫婦と同居を始める。姑は年金詐欺の片棒を担いでしまうが、ホームにいる時に比べて目が輝き出して、若い頃に商売をしていた当時の元気さを取り戻す。主人公も、老後資金の減少や家族・親族に翻弄《ほんろう》されながらも生活の中で力強さを発揮していく。充実した生活は老後資金の多寡だけでは決まらないことを軽妙に描いている。

また『プリズンホテル１　夏』（浅田次郎《あさだじろう》著）では、「部屋は空いていますか？」と、疲れ果てた様子の親子連れが、訳ありのホテルに宿泊する。借金でクビが回らなくなって一家心中を覚悟し、最後の贅沢をするためにやってきたのだ。そこで生真面目すぎる支配人、片言の日本語しか話せない外国人の番頭とフィリピン人の仲居さんたち、少々荒っぽい任侠《にんきょう》の人たちが織りなすドタバタ劇に接するうちに、お金のために自殺するなんてばかばかしいと思い直してホテルを後にする。

老後資金の減少や借金の返済といった、頭の中で作り上げた論理の中ではどうしようもないと思われた悩みが、人との出会いや行動を続ける中でいつの間にか解決される。ともにフィクションではあるが、お金は必ずしも問題の核心ではなく、リアルな体験こそが重要であることを示している。

逆に言えば、お金がないことは命を失うような出来事だと思ってしまいがちであるが、現実的には目の前に刃物を突きつけられているわけではなく、そう思っているのは自分自身だということかもしれない。

何をするかが分からない

私はレンタルオフィスを借りて執筆などに取り組んでいるが、同じところに入居しているコンサルタントが、私の主宰する研究会に出席したことがある。ある参加者が「定年後に自分がやるべきことを見つけなければならない」と発言したのを聞いて、彼は飛び上がるほど驚いた。自分で何をするかが分からない人を初めて見たからだと言う。

会社で働いていれば、やりたいことがなくても生きることはできる。しかし定年後になれ、会社からの指示や命令はなくなる。自分が動かなければ周囲の世界は何も展開しないことに気づく人は少なくない。特に会社中心の働き方を続けてきた人は、この定年前後のギャップに悩むと言ってもよいかもしれない。

言葉を換えると、会社という共同体から離れた時には、自分なりに働く意味や生活する意味を見出すことが求められる。ところが主体性を持たない状態では、人生や生活に意味を見出すことはできない。会社員とフリーランスを10年間並行してやってきた私から見ても、やはり会社員は周囲に気を使うあまり主体性を発揮しないことが特徴だと何度も感じてきた。

以前に、霞が関の官僚や大手企業の社員で構成する私的な会合で講演したことがある。その時に、「みなさんも、上から個性を発揮しろとか、主体的に仕事を進めろとか言われても、本当にやってしまうとエライ目にあうでしょう」と話すと想定を超える笑いが返ってきた。たしかに公務員や会社員が主体性を持つというのは思ったよりも簡単ではない。自分を押し殺して主体性をあえて隠している方が、霞が関の官僚や大手企業の社員にとっては楽であるし、出世しやすい面もあるのだろう。

しかしそろそろ違ってきているのではないか。組織に自分を依存させて生きていくだけでは、もはやうまくいかないことがはっきりしてきた時代と言えるかもしれない。これだけ寿命が延びれば、もはや会社員一本では人生を走り通せない時代になった。会社の部長だった、課長だったと過去に向かうベクトルを切り替えて、未来に向かって新たに動き出すことが求められるのだ。少し極端に言うと、現在の時点で何かをしたいと思ってない人は、実は何もすることができないのかもしれない。未来に向かうモノサシを持っていないから、お金という借り物の基準を使うのではないか。

何かしたいと思っていない人は、たとえ大金がドンと入ってもうまく使うことは難しいだろう。海外旅行で散財するか、マンションや高級のブランド品を買うことくらいしかできないかもしれない。

過去に固執していると、苦労して働いてきたこと、お金を貯めるために我慢してきたことに目が行き、他人との比較や自分に対する評価を気にしすぎることにつながる。

もちろん生活もあるのでお金を得るということは大事ではあるが、そのお金を使って何をするかが分からないというのも、考えれば奇妙なことだ。お金の貯蔵機能が強すぎるということだろう。具体的な計画を持っている人間でなければ、お金があっても何もできないと言えるかもしれない。貯めたお金を活きたものにするためには、未来に目を転じる必要がありそうだ。

３００万円の昇給を断る

私がお金のことを最も真剣に考えたのは、以下に述べるように会社から役職復帰の話を受けた時である。

先述したように、私は40代後半に長い休職期間があったので、会社のルールで平社員に降格となっていた。会社に復帰してから1年半が経ち、通常勤務に復していた頃のことである。部長は年度末の目標管理の面談の終わりに私が想定していないことを切り出した。

「新年度は、新たな職場で働けば、役職の復帰があり得る。そうなれば３００万円以上の年収アップになる」と具体的な条件を伴った話だった。私に配慮してくれて次のステップを考えてくれたのだろう。復帰のチャンスを与えるとの会社のスタンスが垣間《かいま》見えたような気がした。ありがたい話だった。

たしかに当時は平社員だったので経済面は楽ではなかった。年収はピーク時の半分以下で支出が収入を大きく上回る状況が続いていた。家計はライフスタイルとも絡んでいるので、いきなり収入が減ったからといって支出は簡単には削減できない。また大学に通い始めた娘の学費もバカにならなかった。財産増減一括表では半年ごとに相当額の赤字が出ていて貯蓄を取り崩していた。幸い住宅ローンの重圧はなかったが、いずれは老後の住宅の手当ても必要だった。家計に関する悩みは小さくなかった。

しかし当時は会社員に対する取材を始めていて、大学院で修士論文を書くことを考えると、やはり時間が欲しかった。役職に復帰すると部下の管理や会議、調整ごとにも時間が取られることが想定された。どうすべきか、大いに迷った。

正式の人事異動の発表まで日数がなかったので、すぐに対応しなければならなかった。「少し考えさせてください」と部長に言って、部内にある作業室で一人になって考えた。修士論文を書き始める時期であったし、手作りの研究会を立ち上げることも決めていた。これらのことを円滑に進めるには、やはり平社員のままがよかった。

一方で、定年まで勤めるとするとまだ10年ある。ここで役職復帰すれば、かなり年収がアップするので、お金の面で安定した生活は確保できる。拒否すれば次のチャンスは巡ってこないだろう。役職なしで過ごすと、年収だけでなく、退職金や企業年金に与える影響も大きい。考えてみれば、当時発信しようとしていることも、どれだけモノになるかは未知数だった。客観的に見れば個人の趣味でしかなかった。このようなことが頭の中をグルグル駆け巡った。

パイプ椅子に腰掛けて腕を組みながら、「やはり自分のやりたいことをやろう」。部長には「申し訳ありませんが平社員のままでお願いします」と言った。部長は私が喜ぶと思っていたので、意外な反応に驚いていたようだった。

一瞬詳細に説明しようかとも思ったが、この場ではすぐには理解できないだろうと咄嗟《とっさ》に判断した。昇格して年収が大幅に増加することを自ら拒否するなんて、管理職には想定外だからだ。部長はきっと、体調面の不安が大きいと思ったことだろう。

本心を言えば、その時に取り組んでいることがなんとかモノになるのではないか、という期待も少なからずあった。サラリーマンから別の道に転身した人たちに数多く話を聞いていたので、彼らがやれたのだから私にだってチャンスはあるだろうという望みは持っていた。確信はなかったが、明らかに未来に目が向いていた。

今後のやりたいことがなく、会社の中の視点しか持っていなければ、昇格を断る結論にはなっていなかったに違いない。その後、多くの会社員への取材を通じて、「この人の話をもっと聞いてみたい」「この人の話には何かヒントがありそうだ」と感じる人は、常に未来のことを語っていることに気がついた。この時は迷った末の判断だったが、二足のわらじを履《は》くようになってからは、やはりお金は手段であることをはっきりと認識した。

幸福感と自己決定

従来は、お金というモノサシで豊かさや幸福を語ってきた。もちろんそれは一面で真実ではあるが、それだけではないだろうという気持ちもある。

固定費の削減のところで述べたように、住居や自家用車などを自ら所有せず、賃貸や互いにシェアにすることなども広がっている。従来のお金というモノサシやその交換価値だけでは豊かさや幸福を必ずしも測れないと言えるかもしれない。

モノの生産を中心とするGDP（国内総生産）では低下要因となっても、余分なものを持たずに好きな時に好きなだけ使えるといった心地よさが増す場面も生じてくる。デジタル技術の進化によって、自分の本当に欲しいモノやサービス、自分に合った仕事を無駄なく見つけられるようになれば、過剰な生産や投資が減少して見かけの成長は鈍るにしても、個人生活は逆に豊かになる面もあるだろう。

「幸福感と自己決定——日本における実証研究」（西村和雄《にしむらかずお》、八木匡《やぎただし》）では、日本で2万人の男女に対するアンケートを通じて、幸福度を決定する要因について調査を行っている。同研究では、所得、学歴、自己決定、健康、人間関係の5つを幸福感の説明変数としている。所得が増加するにつれて主観的幸福度が増すが、所得の増加率ほどには主観的幸福感は高まらず、「世帯年収」1100万円で最大となり、それよりも所得が増えても主観的幸福感は高まらないことを示している。

また幸福感を決定する要因としては、健康、人間関係に次いで、所得、学歴よりも自己決定が強い影響を与えている。自分で人生の選択をすることが、選んだ行動の動機づけと満足度を高め、それが幸福感を高めることにつながるとしている。

国連の世界幸福度報告書における国際ランキングでは、日本は幸福度がそれほど高くなく、特に国全体で見ると、「人生の選択の自由」の変数の値が低い国であるが、そういう日本社会で、自己決定度の高い人ほど幸福度が高い傾向にあることは注目に値すると指摘している。

所得よりも自己決定の方が幸福感に強い影響を与えているというのが興味深いところである。第5章の最後で「もう一人の自分」を創る大切さを述べたが、自己決定度の高い人ほど幸福度が高い傾向にあることは、中高年以降の会社員の取材でも強く感じる点である。お金という観点からは、自身の価値観や思いに基づくところにお金を使っている人が最も幸福そうに見える。先ほどの昇格を断った私の判断も自己決定の一つと言えるかもしれない。逆に言えば、自分で決めていないと何かあった時に簡単に腰砕けになってしまう恐れがある。やはり自己決定の前提となる選択肢を多く持つことや、２つ以上のことを並行して行うことが重要だと思うのである。

自己決定と不安は非両立

取材した中で興味ある実例を紹介しておきたい。

64歳になる長瀬氏（仮名）は最近、博士号を取得した。いろいろ話を聞いてみると、思いがけない出向人事の中で自分なりの選択をしていることが印象的だった。

彼は大学を卒業して生命保険会社に勤めていたが、34歳の時に不動産会社に出向となった。意外な異動だったが腐らずに仕事とともに自己啓発に努めた。１つ目は、せっかく不動産の仕事に就くことになったのだからと不動産鑑定士試験を目指して勉強を始めた。そして仕事と両立させながら4年後に合格。２つ目は、会社が自主的な活動を援助する制度ができたので異業種交流会を立ち上げた。発起人兼主催者として、その後30年にわたって続けていて、開催回数はすでに２００回を超えている。

２回目は52歳の時で、本部の営業の仕事から芸術関係の公益財団法人に出向になった。思いがけない異動先に驚いたが、そこでもすぐに気持ちを切り替えた。通信制の芸術大学に入学して、自ら学芸員の資格を取得した。その後は修士課程に進んで論文も書き上げた。芸術方面にも視野が広がったという。もちろん勉強ばかりしているわけにはいかない。財団の運営の仕事にも手腕を発揮した。そして公益財団法人の勤務を9年間続けて60歳で定年になり、雇用延長を選択せずに退職した。

定年後も彼のチャレンジは続いている。働きながら大学院の後期課程に進み、博士号を取得した。学び始めてから10年の歳月が経っていた。今後は論文の内容を書籍にして多くの人に読んでもらうとともに、大学での非常勤講師など、自ら研究してきたことを発信する場を得たいと考えている。

またもう一つの彼の夢は、不動産鑑定士として登録して活躍することである。そのためには実務経験が必要なので、現在は不動産の鑑定会社で働いている。週に3日、若い人に交じってパソコンの前で細かい鑑定評価の仕事をしている。

振り返ってみると、これまでの取り組みのきっかけは思いがけない異動であったと言う。初めは相当落ち込んだが、人生何がよくて何が悪いのかは分からない。むしろ転勤とか出向は働き方や生き方を切り替えるチャンスであって、前向きに何ができるかを考えることが大切だと彼は言う。

転勤は会社が決めるものであるが、不動産鑑定士の試験を受験、異業種交流会を立ち上げ、

60歳以降の雇用延長を選択せずに博士号を取得したのも、会社員の立場に流されることなくその場その場で自己決定を続けたからだ。

彼はお金に対する不安やお金の大切さも強調するが、一連のキャリアを語る際にはその話はほとんど出てこない。自分の内面の価値観に従って決断すると、お金が手段であることが明確になってくるのだろう。言い換えれば、「自分で決める」というスタンスとお金の不安は両立しないのではないかと思いながら彼の話を聞いた。

お金の価値をうまく使う

本書の前半では、財産増減一括表をもとに資産をどのように管理するかを中心に述べてきた。当然ながら資産とは、現金、預金、住宅、株式、投資信託などの目に見えるものだけとは限らない。

企業会計では、現預金、機械設備、株式などの財務諸表に表れる資産だけでなく、金銭に簡単に換算できない資産が会社の評価や株価に影響することがある。たとえば企業にはブランドや技術力、社員の能力など、形には表せない非金銭的な資産（無形資産）も多く存在する。企業を売却する時には、これらの無形資産を「のれん代」として評価することがある。

生活者という個人から見れば、金銭に換算できる資産だけではなく、働き続けて稼ぐことができる自分という人的資産が最も重要であると言えそうだ。健康や互いに助け合える家族、友人などの人間関係、地域とのつながりなども大切な資産であると言っていいだろう。これらをどのように運営するかもお金と一体の課題である。

まずは財産増減一括表において、金銭に換算できる財産をきちんと管理することが第一歩であるが、それは自分の持つ資産の一部分であるとの認識が必要である。

お金の問題というと、投資運用やお金を増やすテクニックを語るだけの人が少なくない。しかし取材の中ではお金の価値をうまく使うことも大切だと何度も感じた。

漫画家の西原理恵子《さいばらりえこ》氏は、『この世でいちばん大事な「カネ」の話』の中でお金の価値をうまく使うことを述べている。

彼女は、デビュー前には、自分の描いたイラストを持ち込んで仕事になるかどうかの営業をかけた。悶々《もんもん》と部屋で悩んでいるくらいなら、一刻も早く、イラストがモノになるかどうかを知りたいと思ったそうだ。「才能がある」っていうのは、それでちゃんとカネが稼げるってことだと考えて動き回った。彼女は、大事なのは単に「カネ」があることじゃなくて働くことで、それがその日を明るく頑張るためのエンジンになってくれると言う。その際に「いいじゃない。お金にならなくても」ではなくて、「それでどうやって稼ぐのか？」を本気で考え出したら、やりたいことが現実にどんどん近づいてきたそうだ。

この本を読んだ時に、会社員と並行して原稿を書き始めた頃、「お金にならなくても、いい文章を書ければ」と私が話すのを聞いて、お金をもらえることを考えなければモノにはならないと厳しく注意してくれた先輩がいたことを思い出した。

また会社員から自分史作成の分野で起業した人が、「会社という仕組みからもらえるお金と、自分で工夫して稼いだお金は、金額では単純に比較できない」と語った。私自身も、原稿を書いてもらえる3万円は会社からもらう給料の15万円くらいの価値があったというのが当時の実感だ。

お金を活力に

お金を稼ぐというところまでいかなくても、お金からもらえるエネルギーや喜びのことを語る人がいる。先述の起業した人と同様に、ある会社員は「ボランティアのお礼でもらったお金と、会社からの給与は、同じ円でも単位が違う」と言っていた。

多額の収入を得ることができても、やりたくもない仕事をいやいやながら続け、心の中では反対なのに上司に追随する言動をしたり、顧客に心にもないお世辞を繰り返したりするなど、自分の思いと違うことばかりやっている会社の仕事に比べると、自分が自主的に動いて得るお金は相手からの感謝の気持ちがそのお金の中に込められていると言う。

老人ホームでのボランティアの演奏でもらった交通費が非常に嬉しかったと語る人もいた。

また都市の近郊で定年退職者が中心になって共同農園を運営している人たちは、そこで育てた野菜を地元のJA（農業協同組合）を通じて販売したお金でみんなでワイワイと一杯やることが楽しみだ。参加者の一人は、お金にならなければ、みんなあんなに一生懸命はやらないと言う。お金がもらえるというのは、エネルギーを受け取ることであり、社会とつながっている証でもあるのだ。

50代になって楽器の演奏を始めた人が、転勤を重ねても、現地で教室を探し、レッスンを続けてきた。しかし先生からいくら演奏の場を勧められても、「こちらがお金を支払わないと聞いてもらえないような演奏ですから」というのが彼の口癖だったという。彼は私の講演での話を聞いて、お金は別としても、これからは失敗を恐れずにチャレンジしてみようという気持ちになったと語ってくれた。

先のことに目を向ける人もいる。将来は両親の介護があるので、60歳で再雇用になれば地元の京都に帰ることになる。副業も可能になるので、京都でガイドをして収入を得ることができるように、大学時代に興味があった中国語を再び学び始めると言う。また、定年後は大学のキャリアセンターで学生の就職活動の役に立ちたいと考えて、キャリア・コンサルタントの資格を取るために専門学校に通う人もいる。

お金を単にモノサシとだけ見るのではなく、「このお金は自分が稼いだお金だ」という実感を得るためやお金が社会とつながっていることをうまく使うことも大切だ。趣味を自分の範囲内にとどめるだけではなく、人間関係を広げたり、わずかでもお金をもらい社会とつながることを考慮に入れてもよいだろう。

場合によっては、山登り、釣り、囲碁将棋、楽器演奏など、自分の趣味をお金にならないかと一度考えてみることも面白いかもしれない。

先ほどの漫画家の西原理恵子氏も、どこかにきっと、自分の心にちゃんとしっくりくる世界があるんじゃないか、もしないのなら、自分で作ってしまえばよい、その際にはお金の価値をうまく使うべきと主張している。お金に関する投資や税法、コスト等一般的な知識に加えて、どのようにしてお金を活かすかという観点は外せないと思うのだ。

信用と信頼が大切

この『定年後のお金』（本体価格８４０円）という新書の表紙には、「楠木新著」という著者の名前だけが出ているが、奥付《おくづけ》という最後の頁を見ると、著者名のほかに、発行者、印刷所、製本所などが書かれていて、本が著者だけで作られていないことが分かる。実際には著者と二人三脚で書籍作成に関わる編集者や、販売促進にあたる営業社員、校閲に関わる人もいる。

出版社内だけでなく、本を書店に配本する取次会社、本を運搬する運送会社、毎日書籍を棚に並べてくれる書店員さんがいて、初めて多くの読者の目に留まるところに本が並ぶ。一冊の本に非常に多くの人が絡んでいる。そして顧客が支払った代金は、誰かの給料や企業の売上額、著者の印税になっている。すべてはお金でつながっている。

お金自体は一つの価値を示すモノサシであるが、お金を通じて誰かとつながり、誰かを支え、誰かに支えられている。プロローグのⅷ頁の日本銀行金融研究所の貨幣博物館のパンフレットに「さまざまな人の間で誰でも使うことができる」のが特徴と書かれていたのは、こういう意味である。

お金を貯め込むことを中心に考えていると、ついこのことを忘れがちになる。しかしこのようにお金を通じて関係がつながっていることが分かると、お金が循環する中に自分もうまく入っていく必要があることが理解できる。つまりお金との接し方は、人との接し方に反映する。お金が流通することまで考えれば、お金は人間関係のことでもあると言ってよいかもしれない。

少し前に公開された映画「ダウンサイズ」（２０１７年公開）は、お金の意味合いを考えさせられる内容だった。科学の進歩で、人類を14分の1に縮小できる〝ダウンサイズ計画〟が実現する。希望すれば、人は身長13センチになることができるのだ。すべてが縮小されることによって住宅や食費が安くなる。現在の厳しい生活から離れて豊かになりたいと願った男性主人公は手を挙げる。しかし一緒に小さくなる予定だった妻は、途中でダウンサイズを断念する。

主人公は経済的には恵まれた生活を手に入れて、派手なパーティーにも現《うつつ》を抜かすが、どこか楽しめない。そして貧しい人、恵まれない人に手助けをする清掃人の女性との出会いを通じて、人と人とのつながりや人に信頼されることが大切なものだと気づいていく。金銭的に豊かになるだけでは人は幸せに生きていけないことが一つのテーマだ。お金の多寡ではなく、信用や信頼がモノを言うのだ。

これは組織の中にずっといると理解しにくいが、フリーランスになるとまずは信用や信頼されることが先で、それが生まれると仕事は向こうからやってくる。そのことが積み重なればお金になるという感じだ。会社員と著述活動との二足のわらじで気がついたことの一つである。

また、私が著述活動を始めた頃に「3年くらい収入がなくても人のためにやってあげると必ず戻ってくる。あなたがいい人だと分かってもらうことがまず大切だ」との先輩からのアドバイスは有効であったことが今ではよく分かる。お金があるかないかの問題よりも、信用や信頼が得られるかどうかが大事だと教えてくれたのである。

この先輩には人生の区切りのタイミングで何度もお世話になった。私にとってはメンター（助言者）といった存在だ。いずれにしても、お金を貯め込むだけではエネルギーは生まれず、信用も信頼も大きくならない。

若い人のために使う

お金と人間関係のことを考えていくと、契約社会の権利中心の考え方だけでは捉えることができない部分が出てくる。市場における等価交換は、当事者の人格、個性や人間関係を消去したところから生まれているからだ。第4章で述べた資産の投資運用においても同様である。言い換えれば、自分と相手を切り離したところで金銭的プラスマイナスを把握している。

庶民的な商店街や歓楽街で暮らしていた当時の私の周りの人たちは、「○○さんのおかげで」「××君に借りができた」といったことをよく言っていた。取引におけるお金の機能はもちろん大事ではあるが、一方で、一般の消費でもなく、資産の投資でもない意味でのお金の機能もあるのではないか。人間関係の潤滑油的な役割といってもよいかもしれない。

他人のために自分の持っている経験や技術、場合によってはお金を惜しみなく与える人もいれば、自分のところにいろいろ貯め込みながら人生を送る人もいる。

ただお金や技術、エネルギーを放出するところに人が集まり関係ができる慣行があるように感じている。そうであるならば、自ら先に与えることが人間関係では重要である。

60代後半の先輩と話していて、彼が参加する以前勤めていた会社の同期会の話になった。毎回30人くらいは集まるという。

彼に、「元気に定年後を過ごしている人はどのくらいいますか？」と聞いてみると、少し考えて「かなり少数ですね」と答えてくれた。その回答を受けて、それではその少数の元気な人はどんなことをしているのかと具体的に聞いてみると、在職中に起業して若い人と一緒に事業に取り組んでいる人、大学などの教育機関で教えている人、若い人の面倒を見る組織の理事に就任している人、学生時代に取り組んだ楽器の演奏会を現役学生と一緒に再び始めた人などだと言う。つまり若い人たちに何らかのものを与えているということになる。私の知人では、昔自分が参加していたボーイスカウトの活動に取り組んでいる人や、剣道の有段者が豆剣士を指導している例もある。

彼らはお金のみならず、知恵や過去の経験などを若い世代に伝えている。お金について言えば、大人にとってはそれほど大きな金額ではなくても、子どもや若者にとっては身の周りの不自由を取り払うのには十分な場合もある。ここでもお金の価値をうまく使うという余地がある。

私も定年退職してから感じているのだが、人と人との関係を捨象した等価交換を前提とするビジネスの世界しか知らずに人生が終わるのはもったいない。経済が現在のように高度に発達しない時代にもずっと人の生活が続いてきた背景では間違いなく、世代をつなぎながら「支える－支えられる」という関係が続いてきたことだろう。

自分のお金や労力を貯め込んでいると思っている人は、一度自分より下の世代に何かできることはないかと考えてみるのもよいだろう。

世代をつなぐ

最近、大阪の社会福祉協議会が開催した地域活動のシンポジウムに参加したことがある。定年退職しても自分が住む地域でどのような活動が行われているかを全然知らない会社員も多い。自治会のイメージしかない人もいる。

一方で、地域で活動している人たちに聞いてみると、地域内には元気な中高年の男性がいることは分かっているが、活動に参加する人は少ないそうだ。高齢になって社会福祉協議会に助けを求めてくる人も少なくないが、もう少し早い時点から地域に馴染んでいれば周囲との関係もスムーズにいくのにと感じることは多いとのことだ。

そのため会社員と地域をマッチングすることをやってみようと300人くらいの会場で、

第1部は私の定年後に関する講演会、第2部は地域で実際に活動している3人と一緒にシンポジウムを行った。

私も在職中から取材などでいろいろと動き回っていたが、やはり定年まで一つの会社で勤めていたので、地域のことはほとんど知らず、視野が狭かったことを思い知らされた機会だった。一人は活動協議会の会長である男性R氏で、息子が地元の少年野球に入部したことがきっかけで少年野球の監督になって、その後子ども会の副会長を務めた。消防署の勤務が定年になったのを契機に、前から誘いがあった地域活動に専念。現在はお花見、餅《もち》つき、盆踊りなど季節ごとの行事を担当していて、諸団体との調整や地域の相談事にも対応している。

もう一人は、専業主婦で4人の子育てをしてPTA活動に関わったことが地域との出会いだったS氏。子育てが一段落した50代半ばにいろいろな講座を受けてみたが、どれもしっくりこなかった。しかし図書館で絵本の読み聞かせ講座を受講して、「これや！　ぜひこれをやりたい」と思った。現在は子どもの笑顔からすごく元気をもらっていると言う。夫婦一緒に地域で活動している。

最後の一人は、50代前半の保険会社に勤める男性T氏で、友人に誘われて地域活動に入った。若い人から年配の人までが集まって、ゲストの話を聞いたり、メンバー同士が互いに話し合える会合を定期的に開催してその幹事をしている。定年後は、社会と何らかのつながりを持っていたいし、経済活動も続けたいと言う。このほかにも外国人労働者やその子どもたちに対して日本語を教えるボランティアの会合も活発だそうだ。シンポジウムで、なぜ地域活動に取り組んだのですかという質問に対して年配のR氏とS氏が同様の回答をしていたのが印象的だった。

R氏は子どもの頃、地元のオジサンたちが自分たちとよく遊んでくれて、いろいろなことを教えてくれた。当時のことを思えば、自分でも何か役に立てるなら当然お返しをしないといけない気持ちになるそうだ。またS氏は、小さい頃に父親が昔話を語って聞かせてくれたという思い出を述べて、自分の子どもにも絵本の読み聞かせをしていたことが現在の活動につながっていると語っている。

2人ともが、自分よりも上の世代から受け継いだことを下の世代に伝えようとしている。

話を聞いていて、やはりビジネスの世界とは異なることを感じた。

会場とのやりとりでも、活動している人は老後のお金の不安を口にする人もいなくて、地域の活動に寄付をしている人が多いことにも興味が湧いた。実際に地域で行動している人はお金の不安をあまり感じていないように思えた。

ビジネス中心で定年まで働いた自分は、ひょっとしたら狭い世界のことしか経験してこなかったのかという気持ちにもなった。いずれにしても世代を次につないでいくことの重要さに気がついた。もちろんそのためには活動するためのお金も必要なのである。ただそれは間違いなく活きたお金になるだろう。

「身の丈」が大切

以前、定年を見越して起業の準備を始めた人や実際に転身した人を取材したテレビ番組に出演したことがある。番組では何人かの人を紹介したが、初めに登場したのは、外資系のIT企業で広報担当部長を務めている橋口さん（仮名）だった。

彼が夜7時過ぎに会社の仕事を終えて、JR山手線駅近くのドイツビール専門の居酒屋に入っていく姿をテレビ画面が映していた。ところが席に座ってビールを飲み始めるのではなく、カウンターの中に消えて背広から白ワイシャツに蝶《ちょう》ネクタイという出で立ちで現れる。実はこの店のオーナーなのである。画面には2、3人の従業員の姿も見える。

彼は、かつては週に3回ほどこの店に通う常連だった。たまたま高齢の前オーナーが引退を口にしたことから、橋口さんが店を買い取って後を継ぐことになった。56歳の時のことだ。それ以降、昼間は会社員、夜はドイツビール店のオーナーという二足のわらじを履く生活になった。前年に60歳で定年退職を迎えて、その後再雇用で同じ会社で働いている。会社は副業公認だそうだ。

番組では、橋口さんと直接中継がつながって、スタジオの出演者からいろいろと質問が飛んだ。彼は、自分の50歳以降をどのように過ごすかについて以前からいろいろ考えていたそうだ。そういうタイミングで前オーナーの話を聞いたと言う。

「経営収支はどうなのか？」と聞かれて、「まだ店からの給与はもらっていない」と答えて、収支はほぼトントンで推移しているとのことだった。

二足のわらじを履いている気持ちを私が聞くと、「好きなことでないとやれないのが実感だ。酒場を通して人と人とのつながりを提供することにモチベーションを感じている」という回答が返ってきた。

この橋口さんのケースでは、すでにある店を丸ごと譲り受け、従業員と顧客基盤を継承できるメリットがあったからスムーズに進んだのであって、会社員が一から店づくりを手がけ、従業員を雇っていたなら、これだけの規模の店は運営できないだろう。番組の中でも私はそのように発言した。そのことは橋口さんも意識しているようで、彼の発言の中で「身の丈に合った」という表現が繰り返されたのが印象的だった。

実は、私はサラリーマンから転身して、起業や独立した人たちに長年取材をしてきた。総数ではほぼ150人に上る。美容師、農家、職人、社会保険労務士、NPOの役員など、転身先は多様である。彼らの転身に要した金額を見れば、この橋口さん以上に大きな商売をしている例はなく、50代以降の人が多いのでほとんど自己資金の範囲のお金を使って次のステップに移行している。

中高年になってから新たなビジネスを始める人は、現在までの経験に即した立場やポジションに応じた事業や規模から始めている。50代を越えてから会社員が新たに大きな借財を背負うことはリスクが大きい。自身の老後の資金の確保も必要だからだ。お金という意味では、自分の「手の届く」「身の丈に合った」ということが中高年が起業や独立する際の最も大切なポイントである。

逆に言えば、大きなお金があったとしてもそれだけで転身できるかどうかは決まらない。あくまでもまず自分の主体的な姿勢がポイントなのである。

余談であるが、身の丈という意味では、借金やギャンブルは、お金によって自己肥大するケースと考えて留意が必要である。若い時に事業拡大を目指す起業家であれば、借金は必要だろうが、一般の家庭では基本的には借金をしないことが肝要だ。たとえばカードローンの金利は10％を超えるが、投資運用で10％を超える実績を安定的に出すのは困難だ。また住宅ローンを抱えていれば、投資運用しているお金を繰り上げ返済した方が有利な人もいる。ギャンブルはあくまで趣味の範囲、財産増減一括表に影響が出ないレベルにとどめるべきである。私は自宅近くに競馬場があり、一時は毎土曜、毎日曜に馬券を買うといった生活だったが、ギャンブルで財を成した人を見たことがない。やめた現在から見ても投資とギャンブルは別物だというのが実感である。そう考えると、借金したお金をギャンブルに投じるのはもってのほかということになる。金銭感覚は子どもの頃に培われている部分が大きいだろうが、老後の資産のことを考えるとあくまでも身の丈を越えない運営を考えるべきだろう。

居場所はお金で買えない

「もう一人の自分」を創ることが現役の会社員では重要になるとこれまで何度も述べてきたが、実際に定年になると、会社以外の自分の居場所をどこに確保するかという問題に変化する。

この居場所は、当然ながら各人各様である。家事を中心に自宅でゆっくり過ごす人もいれば、先ほどの居酒屋のオーナーになった橋口さんのように起業や新たな仕事で独立する人もいる。また、現在までの会社員の働き方と同様、引き続き組織で働く人も少なくない。

仕事中心の生活から離れて、自分の趣味を中心に自らの居場所を持つ人もいれば、ボランティアや地域活動などで過ごすことが生活の核になっている人もいる。また学び直しというか、学生時代、本当は歴史を学びたかったが、文学部に行けば就職ができないと思って経済学部に進学した人が、定年後に大学院で日本史を学ぶとか、総合商社は欧米にはない業態なので、なぜ日本にだけ総合商社が生まれたのかを修士論文にまとめようとしている商社マンもいる。大学の聴講生になったり、地域のシニア大学などで学ぶことが生活の中心になっている人もいる。いずれにしても、自分に合ったものに取り組めることが大切だと取材から感じている。

そして転身した人たちと同様、彼らはお金があるから自分に合った居場所を見つけることができるかと言えば、取材でそう感じたことはほとんどない。もちろん老後の資金が多くあれば、必要以上にあくせくすることはないかもしれないが、心地よい居場所を見つけることには必ずしも直結しないのである。

会社の仕事一筋で過ごしてきた人のうちには、定年後に何をしていいのか分からなくなる人もいるが、お金ではその問題は解決しないというのが実感だ。

また定年前後からの「もう一人の自分」を創る取り組みや定年後の居場所を見つけるには大きなお金は要らない。自分に合ったものに取り組んでいる人は、必要以上の物欲などにはとらわれなくなる。会社員の時のストレス解消にかけるお金に比べれば少なくてすむといってもよいだろう。

見方を変えると、自分の居場所は、家族と国家との間にある中間コミュニティに所属することだと言えそうである。かつての地域や血縁といった共同体が弱体化し、その代替を担ってきた会社組織から離れた時には、やはり何らかのコミュニティが求められる。もちろん家族であってもよいが、昨今の核家族化の中ではもう一つ必要だと感じている。

将来のお金の不安への対処から考えると、起業、独立、組織で働くといった仕事で稼ぐことと、コミュニティ内の人との絆《きずな》の中で、物心両面にわたって助ける–助けられる関係も大切だ。たくさんお金を貯め込むことだけが不安に対する唯一の解決策ではないのである。

コミュニティは、やはり最後には人と人との関係になるわけで、お金もそういった人と人との絆に投じるのが一つのやり方だろう。将来のリスクに対して、お金があれば大丈夫とか、貯めたお金ですべてなんとかしようと思ってはうまくいかないのだ。

「貯める」から「分かち合う」

前著『定年準備』では、定年退職者の居場所として地域活動を捉えたが、お金の観点も入れて考えてみると、また違った景色が見えてくる。

ニュータウン内にある公民館で男性の語り合う場が非常に活性化しているところに取材に行ったことがある。日曜日の午前中に行われる会合では50人を超える中高年男性が集まって談笑している。いろいろな文化活動やゴルフなどのスポーツ活動、小学生に対する工作教室などにも取り組んでいる。平均で70代半ばくらいの男性たちが集まっている一つの理由は、

「遠くの親戚よりも近くの他人」ということで、近所での自分の居場所や互いの助け合いの気持ちが会合を活発にしているように私には思えた。老後の生活を支えるのはお金だけではなく、人間関係も財産なのである。

また、経済的に恵まれない子どもたちに対する無料の学習塾を主宰する女性が、公共施設の会議室に子どもたちを教える場を確保する。そこに講師を買って出る会社員や定年退職者は、交通費も自前のボランティアである。一見すると、投じる時間とお金から見れば完全に持ち出しである。しかし実際には、与えた以上のエネルギーが自分にもたらされるので喜んで参加している。この時に痛感したのは、定年後の生活に最も大切なのは、心や体が喜んでいる状態や、「いい顔」で過ごす時間であって、何かを成し遂げたり、目標の貯蓄額を達成することではないのである。

いくら高い給与をもらっても、エネルギーがもらえずストレスが昂じる仕事であれば、続けるのは難しくなる。逆に活動によって得ることができるのは、他人に喜んでもらったことに対する報酬だと感じることができれば、間違いなく続けることができる。

本来、人はそういう報酬を望んでいるのに、会社や組織はそれをないがしろにするというか、気づこうともしてこなかったのではないか。また社員の方も「俺はこれで誰かの役に立ちたいんだ」と主張することがあまりに乏しかったのではないか。

お金を考慮に入れて、自分のセンスを大事にしていく姿勢が求められている。互いの支え合う場を見つけて、人との絆に対してこそお金を使うことだ。お金を「貯める」「増やす」「使う」よりも一段高い概念として「分かち合う」と言えばよいかもしれない。そこでは、業者と客といった等価交換に基づく原理ではなくお金が動くのである。

同じ趣味を持つ人の会とか、自分と同じ課題意識を持つ人たちが集まる会合を自ら立ち上げてもよいだろう。また、自らが取り組みたいことを掲げて共同作業を行う仲間を募ることも考えられる。ささやかでも自分なりのコミュニティをつくるのだ。経験上、これにはそんなにお金はかからない。最近は探せば安い会場を見つけることも難しくはない。メールやSNSを使えば連絡などの手間もかからない。楽しめるなら続ければよいし、人が集まらなかったらやめればよいのである。多くの資産を保有しているよりも、多様なコミュニティを持っている人の方がはるかに幸せなように私には思えるのである。

各自の活動がバラエティに富んで増えていくことが、本当に豊かになることにつながっていく。そしてそこで分かち合うお金が増加すれば、エネルギーに満ちた世界が展開するに違いない。せっかく生まれてきたのだから、自ら主人公になって「俺はこれをやるために生きているのだ」と言える人が増えることが、真に社会を豊かにするのではないだろうか。

自分なりの物語を作る

行方不明で3日間発見されていない2歳男児のことを新聞で知り、慌てて荷物をまとめて大分県から山口県までやってきたという男性に、テレビ局がインタビューしていた。２０１８年8月のことだ。その数時間後に再びテレビを見ると、その行方不明になっていた子どもを抱えた彼が山を下りてくる姿がカメラに捉えられていた。その直後から尾畠春夫《おばたはるお》さんは、連日のニュースに取り上げられた。

図表8　尾畠春夫さん　2018年8月、山口県の周防大島町で行方不明になった2歳男児を発見・保護し、「スーパーボランティア」として脚光を浴びた。読売新聞社提供。

尾畠さんは60代半ばまでは、大分県内で鮮魚店を営み、由布岳《ゆふだけ》登山道の整備に関わってからボランティア歴は約25年。各地で災害が起きるたびに足を運び、遺品探しや泥かきに汗を流してきた映像が何度も紹介された。２０１１年の東日本大震災、16年の熊本地震や17年の九州北部豪雨、18年の西日本豪雨が発生した際も被災地に駆けつけている。各番組では、スーパーボランティアと紹介されていた。

翌日のニュース番組の生中継で、男性キャスターが、国民年金ってたくさんもらえるわけじゃないから、ボランティアするにもお金がかかるでしょう？　と心配して語りかけると、お金は余分にいらないですからと答えて、「私は最低の物を食べてでもボランティアはさせてもらう」と尾畠さんは付け加えていた。

各テレビ局のインタビューでも、相手に応じて軽妙に内容を変えた説得力ある回答で、感心することしきりだった。その当日は、妻と一緒に追っかけのようにテレビのチャンネルを変え続けた。

なぜ彼の言動がこれほど説得力を持つのか、という点について意識しながらテレビニュースを追った。それは圧倒的な主体的姿勢である。小学校時代に母親が亡くなり、中学卒業後に鮮魚店で働き始めた彼の言葉は、すべてが自分の体験から紡がれたものなのである。

その時に感じたのは、単なる消費や、どういうものを買ったかという購買、どれだけお金を増やすという投資、いくら貯めたという金額からは物語は生まれないということだ。

もちろん誰もが尾畠さんのような活動ができるわけではない。特に、多くの困難にもへこたれず、逆にそれを自らの糧にするというのは本当にすごいことである。しかし「自分はこれをやるのだ」、または「こんなに面白いことはない」といって主体的に動くことは誰にとってもできないわけではない。そしてそこでは、他人のものではなく自分自身の物語が生まれるのである。

お金に過度の不安を抱くことを防ぎ、お金に振り回されないためには、主体的に活動してお金を使うことである。本当に自分のやりたいことにお金を使うことが幸せにつながる。だから財産の多寡で幸福は測れない。「お金が儲かる」とか、「どれだけお金が貯まった」ではなくて、「自分なりの世界」を作ろうとするのだ。頭の中だけで考えていると、お金の使い方と生きがいや居場所を分けて考えがちであるが、本当は密接不可分なのである。この「自分なりの世界」は、中高年になってこそ実現しやすいと言える。

会社生活から定年後に至る人生は、旅行にたとえるのがいいかもしれない。会社員時代はパック旅行で、何も考えなくてもルート通りに行けば安全になんとか目的地には到着する。お金も特に心配する必要はない。

ところが会社という組織を離れると、自分で地図を見ながら計画を立て、どういうルートをどういう交通機関で目的地に向かうのかも自分で決めなければならない。もちろん持ち合わせのお金を考慮しながら進むのである。

少ないお金でも旅行はできるが、やはり多ければ多いで使い道は広がるだろう。そういう意味では決して無視はできない。しかし旅が終わった時の満足度はお金にはそれほど左右されない。自分が死ぬ時に、これだけ稼いだとか、これだけお金が残っていると誇る人はいないからだ。

その旅の満足度は、一度きりの人生に対して自分自身が納得できるかどうかという自己評価に基づいている。私自身も完璧《かんぺき》な老後の準備ができる自信はないが、「これは俺がやったことだ」と言えることが一つでもあればと思っている。

あとがき

今まで20冊近くの本を書いてきたが、生命保険会社に36年間勤めてきたにもかかわらず、お金について正面から取り上げたものはなかった。今回の本を書こうと思ったきっかけの一つは、昨年の8月にラジオの生番組に出演したことである。

タイトルは、「定年後」。ディレクターから「1つのテーマで30分間やるので、多くのことが話せますよ」と言われてスタジオに入った。

メンバーは、若い女性キャスターと、還暦前後の男性アナウンサーの3人。番組の冒頭は、やはりお金の不安で、「どのくらいあれば過ごしていけるのですか?」という質問から始まった。

本書にも書いたように、定年後も働いている人は多い、まずは自分のお金の現状を把握しておくことが大切、高齢になるとお金はあまり使わなくなる、投資で稼ぐよりも長く働く方が価値がある、といったポイントを要約して話した。

それから定年後の居場所や社会とのつながりに話が展開する。地域社会にどのように溶け込めばよいのかなどの質問に対して、今まで取材した例をもとに答えていった。その具体的な話には興味を持った様子だったが、「人それぞれなのですが」「一概には言えませんが」と前提をつけていたことが少しもどかしそうだった。聞き手は「こうすべきだ」という結論というか、教訓めいたことを求めているような気がした。

途中で視聴者からのメール紹介があって、ここでもお金の話が取り上げられた。老後は豊かに過ごしたいという話もあれば、そうは言ってもお金のことがやはり心配だという内容もあった。その後で男性アナウンサーが、「多くの人を取材されて、彼らの人生はちゃんと成功していますか、それとも破綻してしまいますか？」と聞いてきた。

「成功と失敗という軸で見るのは無理だと思っています」、「定年後は『いい顔』をしているかどうかが大切で、取材をする時のリトマス試験紙です」と話し出すと2人が少し身を乗り出してきた。

私はなぜか小さい頃から人の顔つきに関心があった。いくら美辞麗句を並べても顔つきだけはごまかせない。定年後は、お金や過去の役職よりも顔つきだと強調して、当時話題になっていたスーパーボランティアの尾畠春夫さん（第6章で紹介）の「いい顔」も例に挙げた。

女性キャスターは、「それでは顔つきをよくするためにはどうすればよいのか？」と聞いてきた。主体性が大事で、「いい顔」に至る道筋は、子どもの頃の自分を呼び戻している人もいれば、病気になったことがきっかけで次のステップに向かう人もいるなどと話して番組は終了。30分はあっという間だった。

その後、放送局から東京駅に向かうためにタクシーに乗車した。携帯電話で家族に「ラジオが終わって、今から新幹線で帰るから」と連絡した後に、私と同年配と思《おぼ》しきタクシーの運転手さんが「先ほどラジオで話していた方ですね」と声をかけてくれた。その放送局のタクシー乗り場で待っている時にラジオを聞いていることが多いそうだ。

「お金の意味合いは歳を取ると変わってきますね。別のことが大事になってくる」と話しかけてくれた。番組で語った内容が届いていたと感じて嬉しかった。

ふと同じ放送局の音楽番組で、さだまさしさんを取り上げていたのを思い出した。「精霊《しょうろう》流し」「雨やどり」「案山子《かかし》」「関白宣言」などの数多くのヒット曲があるが、ファンの人気投票で常にトップの曲は「主人公」だそうだ。「自分の人生の中では　誰もがみな主人公」と歌っている。運転手さんにその話をしようかと思ったが、彼には言うまでもないだろうと控えた。他愛のない会話をしているうちに車は東京駅に着いた。

2019年11月

楠木　新

参考文献

■第1章　老後不安の正体
糸井重里、邱永漢『お金をちゃんと考えることから逃げまわっていたぼくらへ』（ＰＨＰ研究所、ＰＨＰ文庫、２０１１年）
磯田道史『武士の家計簿』（新潮社、新潮新書、２００３年）
本多静六『私の財産告白』（実業之日本社、実業之日本社文庫、２０１３年）
横山光昭『「貧乏老後」に泣く人、「安心老後」で笑う人』（ＰＨＰ研究所、ＰＨＰ文庫、２０１５年）
藤川太『サラリーマンは2度破産する』（朝日新聞出版、朝日新書、２００６年）
岡田仁志『決定版 ビットコイン&ブロックチェーン』（東洋経済新報社、２０１８年）
田村正之『老後貧乏にならないためのお金の法則』（日本経済新聞出版社、２０１５年）

■第3章　固定費を見直す
邱永漢『お金の原則』（光文社、知恵の森文庫、２００１年）
新庄耕『狭小邸宅』（集英社、集英社文庫、２０１５年）
『老齢年金ガイド　平成31年度版』（日本年金機構パンフレット、２０１９年）

『遺族年金ガイド　平成31年度版』（日本年金機構パンフレット、2019年）
『障害年金ガイド　平成31年度版』（日本年金機構パンフレット、2019年）

■第4章　老後の不安と投資を切り離せ

ケインズ（間宮陽介訳）『雇用、利子および貨幣の一般理論』上・下（岩波書店、岩波文庫、2008年）
岩井克人『二十一世紀の資本主義論』（筑摩書房、ちくま学芸文庫、2006年）
トマス・J・スタンリー、ウィリアム・D・ダンコ（斎藤聖美訳）『となりの億万長者　新版』（早川書房、2013年）
バートン・マルキール（井手正介訳）『ウォール街のランダム・ウォーカー（原著第12版）』（日本経済新聞出版社、2019年）

■第5章　老後資金は収支で管理

秋山弘子「長寿時代の科学と社会の構想」（『科学』2010年1月号）
渡部昇一『知的生活の方法』（講談社、現代新書、1976年）
橘木俊詔『定年後の経済学』（PHP研究所、2019年）

■第6章　お金を有効に使う

垣谷美雨『老後の資金がありません』（中央公論新社、中公文庫、2018年）

浅田次郎『プリズンホテル1 夏』(集英社、集英社文庫、2001年)
西村和雄、八木匡「幸福感と自己決定――日本における実証研究」(『リエティ・ハイライト』2019年冬号)
西原理恵子『この世でいちばん大事な「カネ」の話』(角川書店、角川文庫、2011年)

楠木 新（くすのき・あらた）

1954年（昭和29年），神戸市に生まれる．京都大学法学部卒業．生命保険会社に入社し，人事・労務関係を中心に，経営企画，支社長等を経験．勤務と並行して，「働く意味」をテーマに取材・執筆・講演に取り組む．2015年，定年退職．現在，神戸松蔭女子学院大学教授．
著書に『会社が嫌いになったら読む本』『人事部は見ている。』『サラリーマンは、二度会社を辞める。』『知らないと危ない、会社の裏ルール』『経理部は見ている。』（以上，日経プレミアシリーズ），『就活の勘違い』『「こころの定年」を乗り越えろ』（以上，朝日新書），『働かないオジサンの給料はなぜ高いのか』（新潮新書），『左遷論』『定年後』『定年準備』（以上，中公新書）ほか．

定年後《ていねんご》のお金《かね》
中公新書 *2577*

2020年1月25日発行

著　者　楠木　新
発行者　松田陽三

本文印刷　暁　印　刷
カバー印刷　大熊整美堂
製　　本　小泉製本

発行所　中央公論新社
〒100-8152
東京都千代田区大手町1-7-1
電話　販売 03-5299-1730
　　　編集 03-5299-1830
URL http://www.chuko.co.jp/

Published by CHUOKORON-SHINSHA, INC.
Printed in Japan　ISBN978-4-12-102577-7 C1236

中公新書刊行のことば

いまからちょうど五世紀まえ、グーテンベルクが近代印刷術を発明したとき、書物の大量生産は潜在的可能性を獲得し、いまからちょうど一世紀まえ、世界のおもな文明国で義務教育制度が採用されたとき、書物の大量需要の潜在性が形成された。この二つの潜在性がはげしく現実化したのが現代である。

いまや、書物によって視野を拡大し、変りゆく世界に豊かに対応しようとする強い要求を私たちは抑えることができない。この要求にこたえる義務を、今日の書物は背負っている。だが、その義務は、たんに専門的知識の通俗化をはかることによって果たされるものでもなく、通俗的好奇心にうったえて、いたずらに発行部数の巨大さを誇ることによって果たされるものでもない。現代を真摯に生きようとする読者に、真に知るに価いする知識だけを選びだして提供すること、これが中公新書の最大の目標である。

私たちは、知識として錯覚しているものによってしばしば動かされ、裏切られる。私たちは、作為によってあたえられた知識のうえに生きることがあまりに多く、ゆるぎない事実を通して思索することがあまりにすくない。中公新書が、その一貫した特色として自らに課すものは、この事実のみの持つ無条件の説得力を発揮させることである。現代にあらたな意味を投げかけるべく待機している過去の歴史的事実もまた、中公新書によって数多く発掘されるであろう。

中公新書は、現代を自らの眼で見つめようとする、逞しい知的な読者の活力となることを欲している。

一九六二年一一月

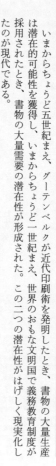

中公新書

社会・生活

1 1

2484 社会学 加藤秀俊
1242 社会学講義 富永健一
1910 人口学への招待 河野稠果
1646 人口減少社会の設計 松谷明彦 藤正巖
2282 地方消滅 増田寛也編著
2333 地方消滅 創生戦略篇 増田寛也 冨山和彦
2355 東京消滅—介護破綻と地方移住 増田寛也編著
2454 人口減少と社会保障 山崎史郎
2446 人口減少時代の土地問題 吉原祥子
1914 老いてゆくアジア 大泉啓一郎
760 社会科学入門 猪口孝
1479 安心社会から信頼社会へ 山岸俊男
2322 仕事と家族 筒井淳也
2475 職場のハラスメント 大和田敢太
2431 定年後 楠木新
2486 定年準備 楠木新
2422 貧困と地域 白波瀬達也
2488 ヤングケアラー—介護を担う子ども・若者の現実 澁谷智子
1894 私たちはどうつながっているのか 増田直紀
2138 ソーシャル・キャピタル入門 稲葉陽二
2184 コミュニティデザインの時代 山崎亮
2037 社会とは何か 竹沢尚一郎
1537 不平等社会日本 佐藤俊樹
265 県民性 祖父江孝男
2474 原発事故と「食」 五十嵐泰正
2489 リサイクルと世界経済 小島道一
2577 定年後のお金 楠木新